中国南方电网
CHINA SOUTHERN POWER GRID

南方电网能源发展研究院

澜湄国家能源电力发展报告

（2024年）

南方电网能源发展研究院有限责任公司　编著

中国电力出版社
CHINA ELECTRIC POWER PRESS

图书在版编目（CIP）数据

澜湄国家能源电力发展报告. 2024 年 / 南方电网能源发展研究院有限责任公司编著. -- 北京：中国电力出版社，2025. 4. -- ISBN 978-7-5198-9808-3

Ⅰ. F430.66

中国国家版本馆 CIP 数据核字第 2025WM8880 号

出版发行：中国电力出版社
地　　址：北京市东城区北京站西街 19 号（邮政编码 100005）
网　　址：http://www.cepp.sgcc.com.cn
责任编辑：岳　璐（010-63412339）
责任校对：黄　蓓　于　维
装帧设计：张俊霞
责任印制：石　雷

印　　刷：北京博海升彩色印刷有限公司
版　　次：2025 年 4 月第一版
印　　次：2025 年 4 月北京第一次印刷
开　　本：787 毫米×1092 毫米　16 开本
印　　张：7
字　　数：100 千字
印　　数：001—600 册
定　　价：53.00 元

《澜湄国家能源电力发展报告（2024 年）》

编　写　组

组　　长　黄　豫

副 组 长　覃　芸

主 笔 人　宫大千

参编人员　樊宇航　秦菁华　郭子暄　杨双源

前 言
PREFACE

能源是人类文明进步的基础和动力，攸关国计民生和国家安全，关系人类生存和发展，对于促进经济社会发展、增进人民福祉至关重要。在积极稳妥推进“碳达峰、碳中和”的背景下，我国能源电力行业正在加快建设新型能源体系，以新质生产力推动传统能源转型升级，推动行业发展向“新”而动，逐“绿”前行。

南方电网能源发展研究院以习近平新时代社会主义思想为指导，在南方电网公司党组的正确领导下，立足具有行业影响力的世界一流能源智库，服务国家能源战略、服务能源电力行业、服务经济社会发展的行业智囊定位，围绕能源清洁低碳转型、新型电力系统建设以及企业创新发展等焦点议题，深入开展战略性、基础性、应用性研究，形成一批高质量研究成果，以年度报告形式集结成册，希望为党和政府科学决策、行业变革发展、相关研究人员提供智慧和力量。

澜沧江和湄公河一水二名，澜沧江起源于中国境内青海唐古拉山，流经西藏、云南，出境后被称为湄公河，先后流经老挝、缅甸、泰国、柬埔寨、越南五国，所流经国家共同组成了澜湄国家[❶]，除中国以外的澜湄国家称之为澜湄五国。澜湄国家山水相连，人文相通，传统睦邻友好深厚，发展利益紧密攸关，

❶ 澜湄国家（按澜沧江和湄公河径流方向）包括中国、老挝、缅甸、泰国、柬埔寨、越南。

是“一带一路”倡议重要节点，也是中国实现双向开放的重要窗口。

澜湄合作机制和大湄公河次区域经济合作机制下，澜湄国家经济发展增速总体保持在中偏高水平，在东盟发展中发挥了举足轻重的作用，经济体量占比逐年提升，能源及电力保持稳步增长，为其经济社会发展注入源源不断的动力。在2023年12月举办的澜沧江—湄公河合作第四次领导人会议上，澜湄国家共同发布了《澜沧江—湄公河合作第四次领导人会议内比都宣言》，提出了合作机制支持六国互联互通主管部门加快制定《澜湄国家互联互通合作规划》，推动更多重点项目落地实施，打造澜湄六国更紧密伙伴关系，加强新能源政策交流和新能源领域合作，包括电动汽车、光伏、节能增效、低碳、可持续发展等。会议同时发布了《澜沧江—湄公河合作五年行动计划（2023—2027）》，将与中方提出的“一带一路”倡议、全球发展倡议、全球安全倡议、全球文明倡议互补互促，并与《东盟共同体愿景2025》及其后续文件、《东盟互联互通总体规划2025》（MPAC）及其后续文件和《东盟一体化倡议（IAI）工作计划2021—2025》《东盟全面复苏框架》（ACRF）以及其他湄公河次区域合作机制战略、愿景等相辅相成，这些倡议与合作有利于促进澜湄地区和平、繁荣、发展。上述文件提出了加强能源政策交流，推进能源安全合作，促进能源多样化，提高能源利用效率，开展能源基础设施项目的环境、社会影响包括跨界影响的评估，研究能源转型路径，不断提高可再生能源装机比例，发展储能技术，推动向更节能、低碳、可持续的发展转型。

《澜湄国家能源电力发展报告（2024年）》是南方电网能源发展研究院有限责任公司年度系列专题研究报告之一。报告系统分析了过去十年澜湄五国经济、能源、电力发展进展及成效，梳理总结了多家智库机构对澜湄五国能源电力发展的展望和观点，立足澜湄区域发展新形势和新机遇，展望了澜湄五国能源电力发展前景，为区域能源电力合作提出建议。编著本报告，旨在为关心澜湄国家能源电力发展的专家、学者及社会人士提供参考。

本报告在编写的过程中，得到了中国南方电网有限责任公司（简称“南方电网”）国际业务部、战略规划部，南方电网澜湄国际能源有限责任公司等部门和单位的悉心指导，再次表示最诚挚的谢意！

限于作者水平，报告难免存在疏漏与不足，恳请读者批评指正。

编 者

2024 年 10 月

缩 略 词 表

英文简称	中文全称
ADB	亚洲开发银行
BAU	常规政策场景
BOO	建设—拥有—运营
BOOT	建设—拥有—经营—转让
BOT	建设—经营—转让
BP	英国石油
BT	建设—移交
BTO	建设—移交—运营
EDC	柬埔寨电力公司
EDL	老挝国家电力公司
EDL-T	老挝国家输电网公司
EGAT	泰国国家电力局
EPC	工程总承包
ERC	泰国能源监管委员会
EVN	越南电力集团
GDP	国内生产总值
GMS	大湄公河次区域
IEA	国际能源署
IPP	独立发电商
LMERC	南方电网澜湄国家能源电力合作研究中心
LNG	液化天然气
LTMS-PIP	老挝—泰国—马来西亚—新加坡电力一体化项目
MEA	泰国首都电力局
MOEE	缅甸电力与能源部

续表

英文简称	中文全称
MOEP	缅甸电力部
MOIT	越南工业与贸易部
O&M	运营维护
PEA	泰国地方电力局
RCEP	区域全面经济伙伴关系协定
RPTCC	大湄公河次区域电力贸易协调委员会
SPP	小型发电商
VWEM	越南电力批发市场
WWF	世界自然基金会

目录

CONTENTS

第1章

经济发展

创新引领

智力共享

1.1 总体发展

澜湄五国包括老挝、缅甸、泰国、柬埔寨和越南，总人口 2.5 亿人，约占亚洲总人口 5.4%，占东盟国家总人口的 37%。和其他东盟国家一样，澜湄五国均属于外向型经济国家，凭借丰富的自然资源和劳动力成本优势，依托本土产业和承接转移产业，拥有较好的经济增长基础。澜湄五国经济发展不平衡，产业结构差异较大，泰国和越南国民生产总值（GDP）大幅领先老挝、柬埔寨和缅甸，部分国家经济发展内生动力不足、外部脆弱显现。

中国与澜湄五国经济合作及其可持续发展不断深化，2024 年是澜沧江—湄公河合作启动的第八年，中国与澜湄五国经济合作及其可持续发展不断深化，社会人文交流日益密切，为促进各国经济复苏和区域繁荣做出积极贡献。随着《区域全面经济伙伴关系协定》（RCEP）于 2022 年 1 月 1 日正式落地生效，澜湄国家市场更加开放，能源电力及相关产业合作的经贸环境也更为便利，拓展了投资和贸易空间。另外，近年来中老铁路、中泰铁路、金港高速公路、越南老街—河内—海防标准轨铁路等标志性项目有序推进或投入运营，澜湄区域互联互通水平显著提升，为区域经贸和人员往来装上“加速器”。在基础设施互联互通和 RCEP 的双重促进下，澜湄国家经贸合作跨上一个新的台阶，进一步加快经济要素自由流动、促进贸易投资扩容升级，有利于维护地区产业链供应链安全稳定，为全球经济复苏作出积极贡献，中国与澜湄五国 2023 年贸易总额近 4000 亿美元，过去 7 年实现翻番。

在 2023 年 12 月 25 日召开的主题为“推进澜湄国家命运共同体建设，携手迈向现代化”的澜沧江—湄公河合作第四次领导人会议上，六国共同通过了《澜沧江—湄公河合作五年行动计划（2023－2027）》，旨在深化澜湄六国睦邻友好和务实合作，促进沿岸各国经济社会发展，增进各国人民福祉，构建更加强韧的澜湄流域经济发展带，共建和平、安宁、繁荣、美丽、友好澜湄地区，朝着构建更为紧密的面向和平与繁荣的澜湄国家命运共同体迈出新步伐。

综合城镇人口占总人口比例、人均国民生产总值（GDP）、产业结构等指标来看，澜湄五国目前整体处于工业化初期阶段，以劳动密集型产业和资本密集型产业为主，第二产业大多以轻型工业为主，第三产业大多以旅游业为主。澜湄五国中，泰国经济发展水平最高，越南次之，处于工业化中期阶段；老挝、缅甸、柬埔寨三国，农业占比较高，处于工业化初期阶段。2023 年澜湄五国经济发展水平相关指标见表 1-1。

表 1-1　　2023 年澜湄五国经济发展水平相关指标

国别	城镇人口比例（%）	人均 GDP（美元）	产业		
			第一产占比（%）	第二、第三产比较	重点行业
老挝	38.2	2660	＜20	第二产小于第三产	农业；电力；矿产；纺织；批发零售
缅甸	32.1	1169	＞20	第二产小于第三产	农业；加工制造；运输
泰国	53.6	6385	＜10	第二产小于第三产	农业；汽车制造业；旅游
柬埔寨	25.6	1553	＜20	二产、三产相当	农业；建筑；旅游
越南	39.5	3817	＜15	二产、三产相当	农业；加工制造；旅游

1.2　主要经济指标

1.2.1　人口发展

2013—2023 年澜湄五国人口总量保持增长趋势，但人口增长率呈现下降趋势，2023 年人口增长率与 2022 年持平，为十年来最低水平。截至 2023 年底，澜湄五国人口接近 2.5 亿人，较 2013 年的 2.32 亿人增长 10.37%，老挝、缅甸、泰国、柬埔寨、越南人口分别约为 763 万、5458 万、7180 万人、1694 万人和 9885 万人。自 2013—2023 年，澜湄五国的总人口增长率从 0.9%逐渐下降至 0.6%。2013—2023 年澜湄五国人口总量及人口增长率如图 1-1 所示。

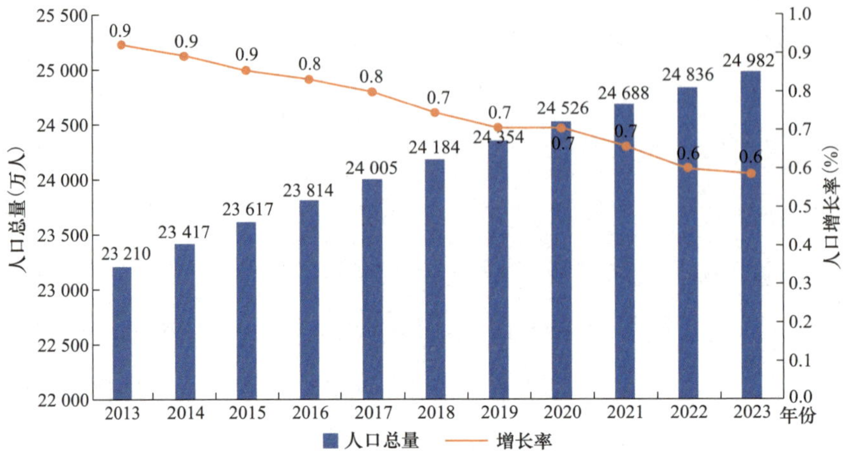

图 1-1　2013—2023 年澜湄五国人口总量及增长率

数据来源：世界银行

澜湄五国的人口增长率存在显著差异：泰国的人口增长率最低，缅甸和越南接近地区平均水平，而柬埔寨和老挝则高于地区平均水平。从 2013—2023 年的平均人口增长率来看，澜湄五国分别为：泰国 0.34%（全球排名 167），缅甸 0.75%（排名 141），越南 0.92%（排名 126），柬埔寨 1.2%（排名 101），老挝 1.4%（排名 90）。**泰国的人口增长率低于高收入国家的平均水平，而柬埔寨和老挝则高于中等收入国家的平均水平**。从 2023 年人口增长率来看，泰国 0.14%、缅甸 0.73%、越南 0.68%、柬埔寨 1.04%、老挝 1.37%，除老挝外均低于全球平均人口增长率水平（1.27%）。澜湄五国中，柬埔寨和老挝的人口增长率较高，部分原因在于两国的年轻人口比例较高。相反，泰国已经步入老龄化社会，65 岁及以上人口占比显著增加。澜湄五国的人口增长率如图 1-2 所示。

各国人口占比总体上保持稳定，越南、泰国和缅甸的人口基数较大。2013 年以来，各国人口占比虽有小幅变化，但变化幅度均未超过 1 个百分点。越南的人口占比最大，其次是泰国和缅甸，而柬埔寨和老挝的人口占比较小。2023 年，越南、泰国、缅甸、柬埔寨和老挝在人口占比上分别为 39.57%、28.74%、21.85%、6.78%和 3.06%。

在这十年间，老挝和柬埔寨出生率较高且经济持续发展，人口占比有所上

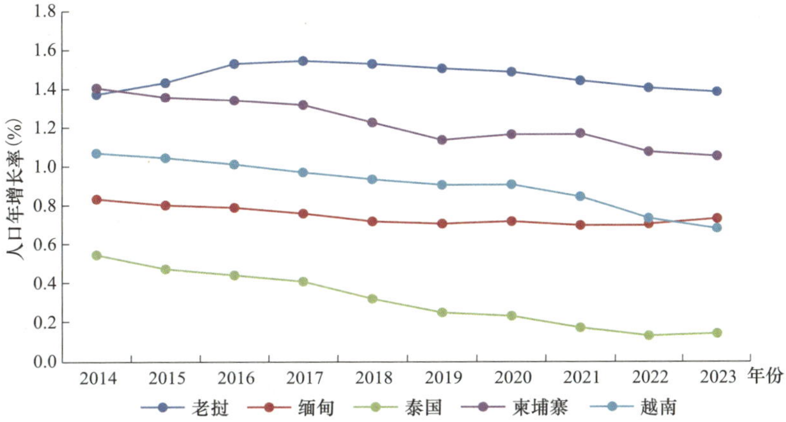

图 1-2　2014—2023 年澜湄五国人口增长率

数据来源：世界银行

升。缅甸的人口占比保持相对稳定，人口平稳增长。泰国的人口占比则逐年下降，这与其老龄化社会的趋势和经济增长乏力密切相关。越南受益于其年轻的人口结构和较高的出生率，人口占比稳步上升。2013—2023 年澜湄五国的人口占比变化如图 1-3 所示。

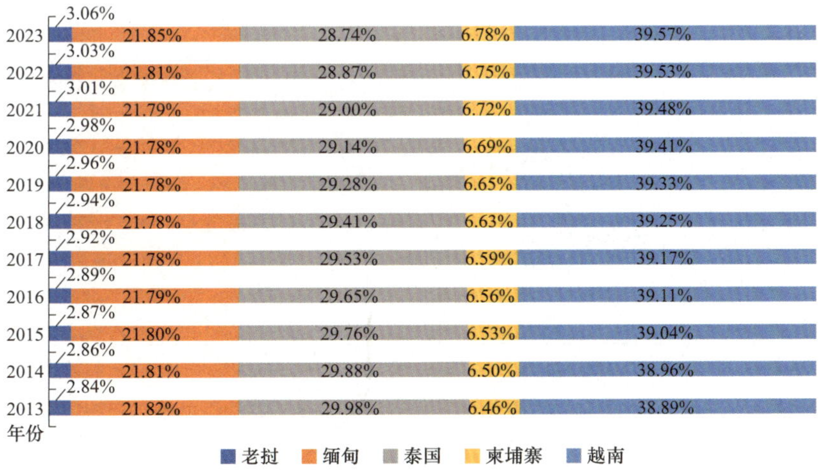

图 1-3　2013—2023 年澜湄五国的人口占比

数据来源：世界银行

各国劳动力人口占比呈现差异化发展特征：柬埔寨劳动人口占比增长较快，老挝小幅增长，越南和泰国小幅下降，缅甸下降较为显著。劳动力增长一般与工业化与城市化推进、教育普及、年轻化的社会结构相关，同时也受社会稳定、相关政策法规的影响。柬埔寨的劳动人口占比不断上升，从47.4%增长到54.1%，劳动力增长强劲，占比逐渐接近泰国和越南的水平。老挝的劳动人口占比从39.8%上升至41.6%，显示出稳定的增长趋势。越南和泰国的劳动人口占比最高，始终保持在50%以上，其中泰国的劳动人口占比在57.6%至56.8%之间波动，保持高位但略有下降，反映了受老龄化社会的影响。越南的劳动人口占比保持在较高水平，从58.8%略降至56.8%，总体稳定。缅甸的劳动人口从2013年的47.5%下降至2023年的41.9%，尤其是在2017年之后明显减少。这一下降可能受多重因素影响：农业劳动力流失，由于政府政策和货币贬值，大量劳动力迁移到邻国如泰国，同时农业转型困难；非正规经济问题，新冠疫情加剧了失业，约690万至730万个岗位被破坏；自2021年军事接管后，政治和社会动荡导致大量失业和收入减少，这进一步导致了人口流失。澜湄五国劳动力人口占比如图1-4所示。

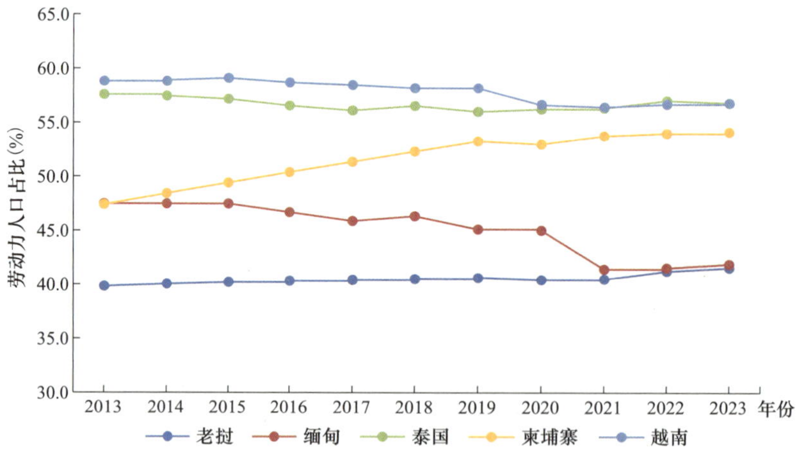

图1-4　澜湄五国劳动力人口占比

数据来源：世界银行

2013—2023年，**澜湄五国（老挝、缅甸、泰国、柬埔寨、越南）的城镇人口占比均呈现上升趋势。泰国的城镇人口占比最高，**从46.2%上升到53.6%，已经过半。越南和老挝的城镇化率也显著提升，分别从32.4%增长到39.5%、从 31.9%增长到 38.2%。缅甸的城镇人口占比相对较低，但也从 29.5%上升到 32.1%。柬埔寨的城镇化水平最低，但增长显著，从 21.4%上升到 25.6%。增幅方面，**泰国和越南的城镇化增幅最大，**分别为 7.4 个百分点和 7.1 个百分点，柬埔寨为 4.2 个百分点，老挝为 6.3 个百分点，缅甸为 2.6 个百分点。2013—2023 年澜湄五国的城镇人口占比如图 1-5 所示。

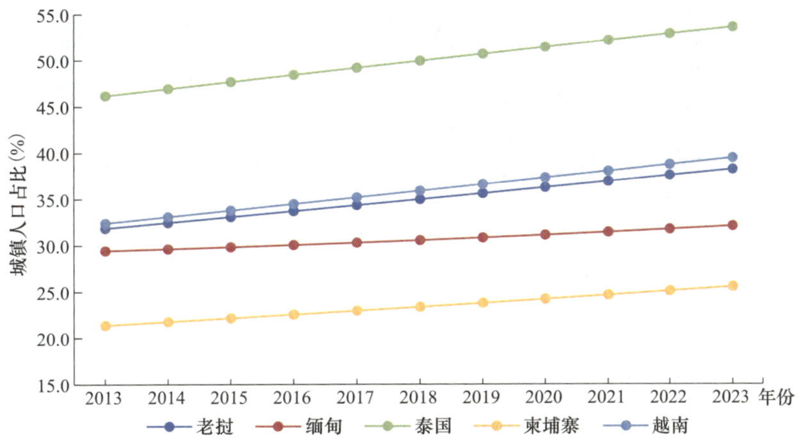

图 1-5　2013—2023 年澜湄五国的城镇人口占比

数据来源：世界银行

1.2.2　国内生产总值

从现价国内生产总值（GDP）看，澜湄五国在疫情后的经济活动整体向好。2023 年较 2022 年增长 4.3%，2023 年超过 1 万亿美元。但综合实际 GDP（不变价）的增长、通货膨胀率以及价格水平等指标的变化来看，澜湄五国经济活动整体发展潜力有待进一步驱动和释放。

从不变价国内生产总值看，2013—2023 年澜湄五国的 GDP 总量总体呈上升趋势，2023 年增幅稍低于 2022 年，但经济复苏态势良好。使用不变价计算的 GDP 是根据基年市场价格进行计算，排除了通货膨胀或物价变动的影响，更能反映一个国家或地区在一定时期内实际生产的经济活动量和实际增长情况。**若无特殊说明，本报告后文所提 GDP 皆指以不变价计算的国内生产**

总值。澜湄五国现价国民生产总值及增速见图 1-6。

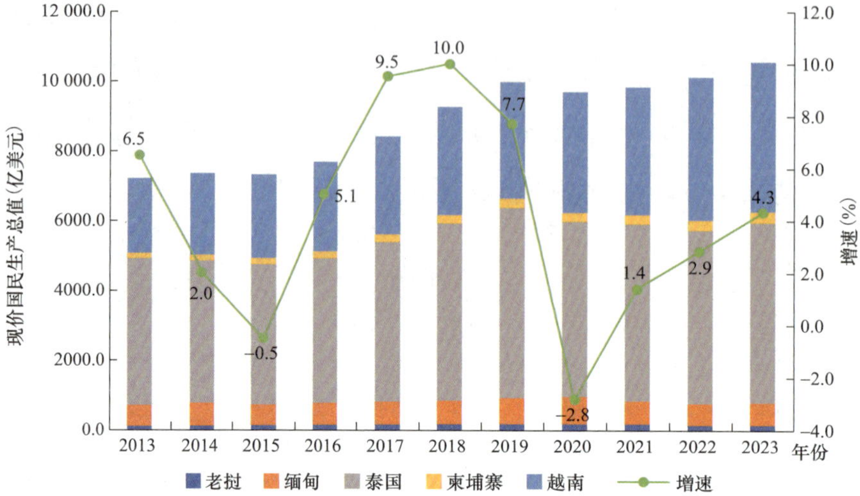

图 1-6 澜湄五国现价国民生产总值及增速

数据来源：世界银行、国际货币基金组织

2013—2019 年，澜湄五国 GDP 从 6752 亿美元增长到 8933 亿美元，年均增长率约为 4.75%。这段时期经济增长稳定，主要受益于区域内各国经济的稳步发展和外部投资的增加。由于新冠疫情的爆发，全球经济受到了严重冲击，尤其是贸易和旅游业，对澜湄五国的经济造成了不利影响，2020 年 GDP 总量下降至 8669 亿美元，相比 2019 年下降了约 2.9%。2021—2023 年，澜湄五国经济缓慢复苏，2021 年 GDP 略微回升至 8749 亿美元，增长 0.9%。2022 年和 2023 年 GDP 总量分别回升至 9169 亿美元和 9462 亿美元，区域经济逐步恢复到疫情前的增长轨道。

除泰国外，澜湄五国在东盟国家中的 GDP 水平处于中下游。2023 年，澜湄五国在东盟国家中的 GDP 排名分别为泰国第 2，越南第 5，缅甸第 7，柬埔寨第 8，老挝第 10。从增速来看，2023 年的澜湄五国 GDP 增速最快的国家为柬埔寨，其 2023 年 GDP 增速为 5.4%，这主要得益于其服务和商品出口的显著复苏、旅游业的快速恢复等；缅甸 GDP 增速最小，仅为 2.4%，这与缅甸国内的社会动荡密切相关。2013—2023 年澜湄五国 GDP 及增速如图 1-7 所示。

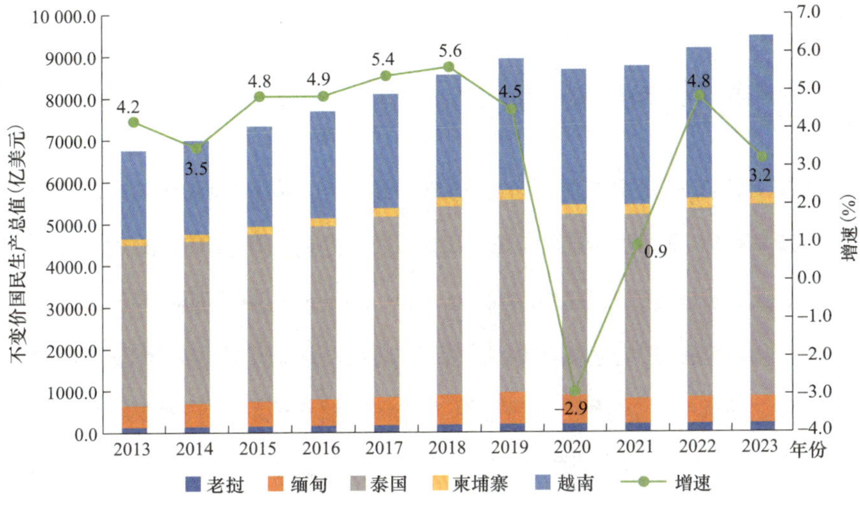

图 1-7　2013—2023 年澜湄五国 GDP 及增速

数据来源：世界银行、国际货币基金组织

从国别 GDP 占比看，**泰国和越南两国 GDP 在澜湄五国中占有绝对优势，呈现越升泰降的趋势**。过去 10 年，泰国和越南两国 GDP 合计占比维持在 87%～88.4%，但泰国呈现逐年下降、越南逐年上升的趋势，泰国和越南的 GDP 占比差距从 2013 年的 26 个百分点缩小至 2023 年的 8.6 个百分点，越南有超赶势头。越南 GDP 占比增加主要由于出口强劲、内需增长、外资大量流入、基础设施改善以及政治稳定和持续的经济改革，这些因素推动了越南的快速经济发展。相比之下，泰国 GDP 占比下降则归因于长期的政治动荡、经济增长放缓、制造业技术进步缓慢、劳动力问题以及自然灾害和环境问题的影响，导致其经济发展相对缓慢。

缅甸、柬埔寨和老挝的占比相对较小，但各自也呈现出不同的变化趋势。老挝 GDP 占比从 2013 年的 1.9%上升到 2023 年的 2.1%，略有上升；缅甸的 GDP 占比从 2013 年的 7.6%上升到 2019 年的 8.5%，随后下降，2023 年为 6.7%，缅甸在 2019 年 GDP 占比达到最高，随后逐年下降，这与政治不稳定和经济困境有关；泰国的 GDP 占比从 2013 年的 57.1%下降到 2023 年的 48.5%。柬埔寨的 GDP 占比从 2013 年的 2.3%上升到 2023 年的 2.8%，略有增加。越南的 GDP 占比从 2013 年的 31.1%上升到 2023 年的 39.9%，占比显著上升，反映出其经济快速增长，在区域经济中的地位不断提升。

澜湄五国的区域 GDP 占比如图 1-8 所示。

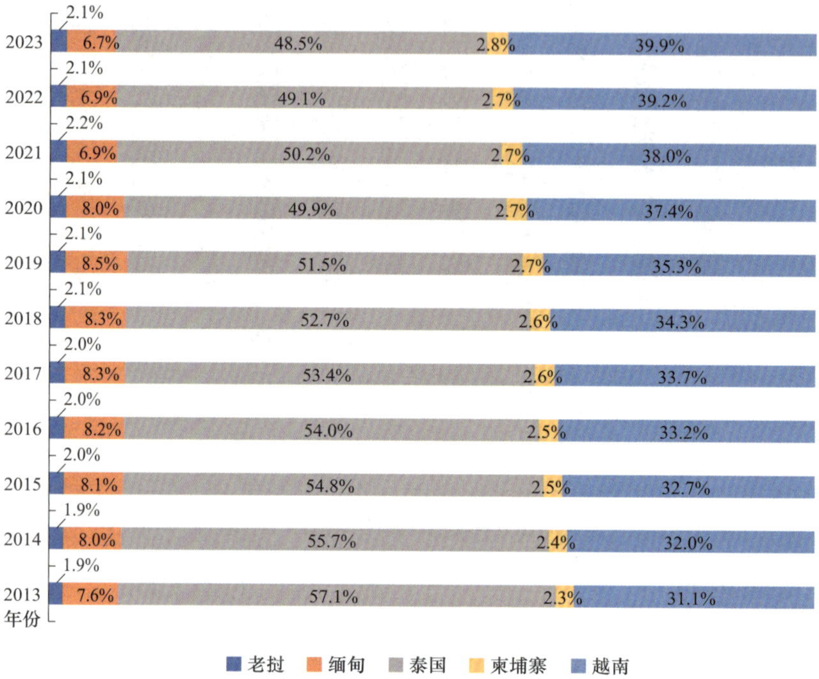

图 1-8　澜湄五国的区域 GDP 占比

数据来源：世界银行、国际货币基金组织

从澜湄五国人均 GDP 看，2013—2023 年**越南人均 GDP 增长最快**，从 0.23 万美元增长到 0.38 万美元；**泰国人均 GDP 最高**，从 0.55 万美元增长到 0.64 万美元，但增长速度较缓；老挝从 0.19 万美元增长到 0.27 万美元，增速较为稳健；柬埔寨从 0.10 万美元增长到 0.16 万美元，增幅显著；**缅甸人均 GDP 增速最慢**，从 0.10 万美元增长到 2018 年的 0.14 万美元，随后因政治动荡和新冠疫情影响有所下降，2023 年恢复到 0.12 万美元。

与东盟中等收入国家对比来看，2023 年东盟国家人均 GDP 为 0.57 万美元，澜湄地区只有泰国超过这一水平；2023 年中等收入国家人均 GDP 为 0.62 万亿美元，同样只有泰国高于这一水平。

澜湄五国的人均 GDP 如图 1-9 所示。

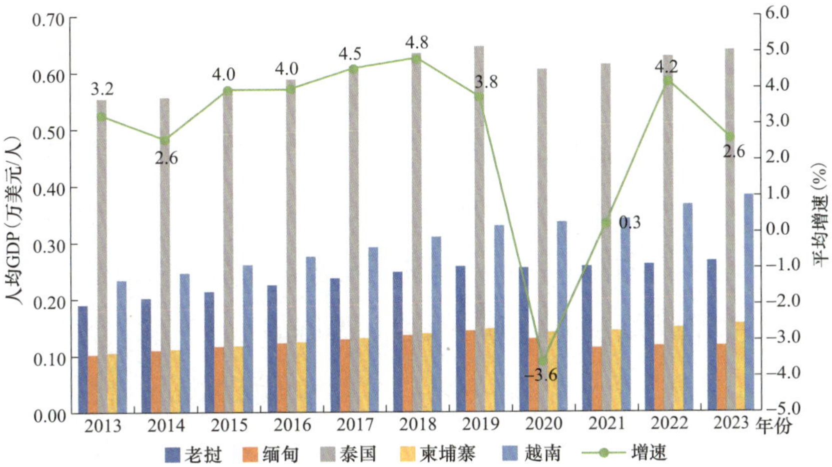

图 1-9　澜湄五国的人均 GDP

数据来源：世界银行、国际货币基金组织

从劳动人口人均 GDP 来看，**同样是泰国的劳动人口人均 GDP 最高**，从 0.96 增长到 1.12 万美元/人。**越南表现出快速增长**，从 0.40 增长到 0.67 万美元/人。**老挝呈现增长后下降的趋势**，从 0.46 增长到 0.64，再回落到 0.50 万美元/人。**柬埔寨和缅甸则维持在较低水平**，但均有所增长。澜湄五国的劳动力人人口均 GDP 如图 1-10 所示。

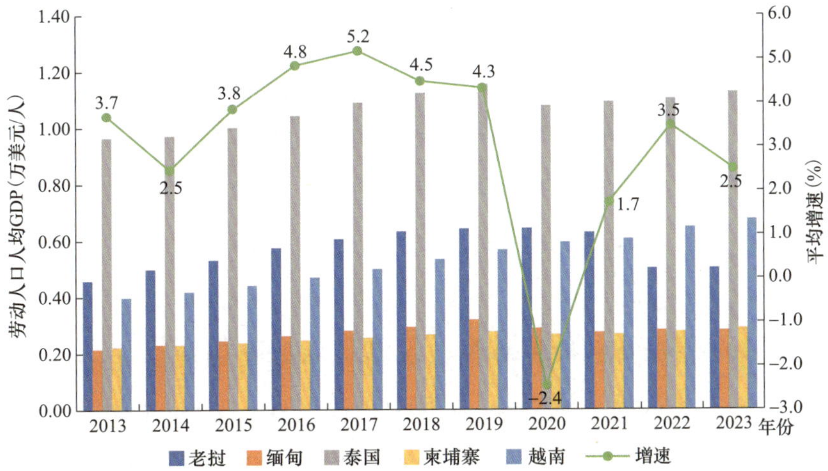

图 1-10　澜湄五国的劳动人口人均 GDP

数据来源：世界银行、国际货币基金组织

1.2.3 产业发展

从 2013—2023 年，澜湄五国的第一产业占比总体呈现下降趋势。老挝的第一产业占比从 20.8%下降到 16.9%，缅甸从 27.4%下降到 18.6%，柬埔寨从 31.8%下降到 21.6%，越南从 17.1%下降到 12.9%。泰国的第一产业占比较为稳定，但也从 9.9%下降到 8.7%。总体而言，**泰国的第一产业占比最低**，反映了其更为成熟的工业和服务业结构；越南、老挝和缅甸的农业占比虽然高于泰国，但也在不断减少，显示出工业化和经济多元化的趋势；柬埔寨则从较高的农业占比迅速下降，表明其经济结构调整的显著进展。总体来看，澜湄五国均在减少对农业的依赖，向工业和服务业转型。澜湄五国的第一产业 GDP 占比如图 1-11 所示。

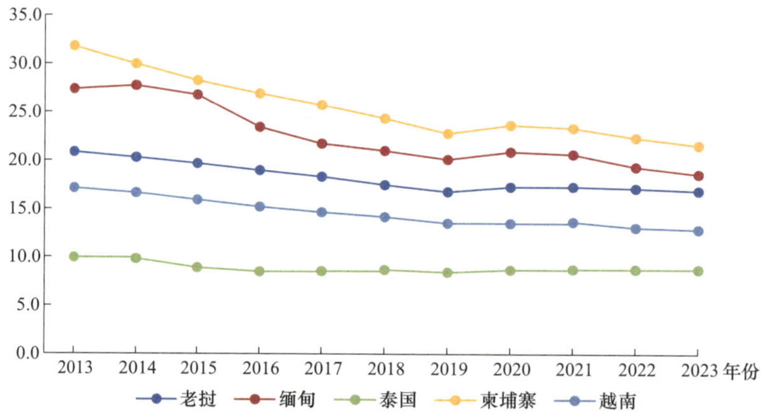

图 1-11 澜湄五国的第一产业 GDP 占比

数据来源：世界银行、国际货币基金组织

2013—2023 年期间，除泰国外，其他四国都在积极推动工业化。缅甸和柬埔寨的第二产业增长尤为显著，老挝和越南的第二产业也呈现上升趋势，但增速相对平缓，泰国则表现出第二产业占比的缓慢下降。具体来看，老挝的第二产业占比从 30.8%上升到 37.7%，缅甸从 36.7%增加到 42.9%，柬埔寨从 27.1%增长到 38.6%，越南从 36.9%上升到 39.4%。相较之下，泰国的第二产业占比从 36.6%下降到 32.7%。

此外，缅甸在 2014—2015 年期间出现了倒退，从 36.7%下降到 34.1%，之后才继续增长。**老挝和越南的第二产业整体呈现上升趋势，但增速在近几年有所减缓甚至出现回落。**老挝在 2022 年达到 38.2%的高点后略微回落至 2023 年的 37.7%。越南则在 2021 年达到 40.2%的高点后，连续两年回落至 39.4%。澜湄五国的第二产业 GDP 占比如图 1-12 所示。

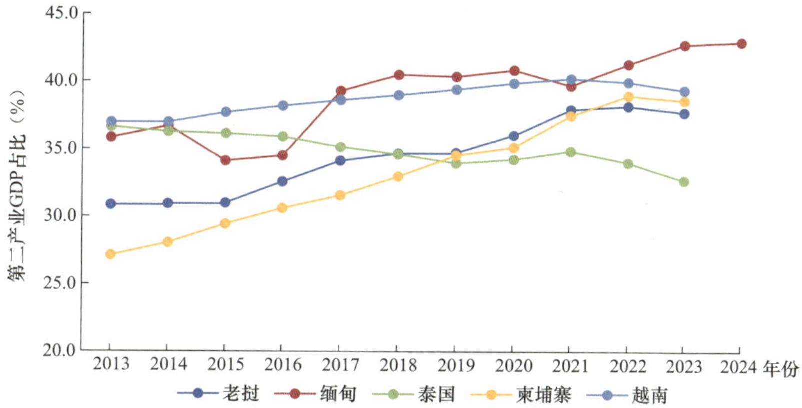

图 1-12　澜湄五国的第二产业 GDP 占比

数据来源：世界银行、国际货币基金组织

从 2013—2023 年的第三产业 GDP 占比水平来看，泰国的第三产业占比明显高于其他国家，显示出其在服务业领域的优势。越南紧随其后，而老挝、缅甸和柬埔寨的第三产业占比相对较低。

从增长趋势看，泰国和越南的第三产业占比呈现出持续上升的趋势，老挝和柬埔寨的第三产业占比受到第二产业快速增长的影响，有所下降，缅甸第三产业占比整体增长，但近几年放缓。老挝的第三产业占比从 48.3%下降到 45.4%，缅甸从 36.0%上升到 38.5%，泰国从 53.5%上升到 58.6%，柬埔寨从 41.1%下降到 39.8%，越南从 45.9%上升到 47.7%。特别地，老挝在 2016 年到 2017 年期间出现了波动，2017 年下降到 48.5%，并在 2022 年降到 44.7%，随后略有回升到 2023 年的 45.4%。澜湄五国的第三产业 GDP 占比如图 1-13 所示。

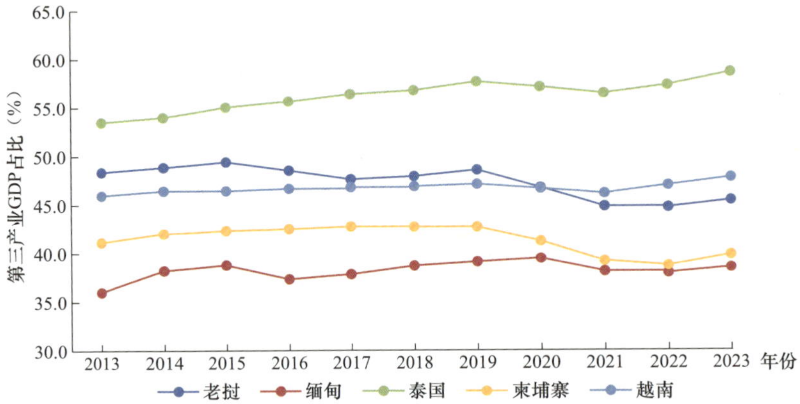

图 1-13 澜湄五国的第三产业 GDP 占比

数据来源：世界银行、国际货币基金组织

1.2.4 外国直接投资

外国直接投资（FDI）是衡量一个国家经济吸引力和开放程度的重要指标。它不仅带来资本流入，还有助于引入先进技术、管理经验和创造就业机会，从而推动经济增长、提高生产力，并增强国际贸易联系。

从 2013—2023 年澜湄五国的外国直接投资数据来看，越南和泰国在吸引 FDI 方面表现突出，尤其是越南的快速增长，凸显其作为新兴市场的吸引力。相比之下，缅甸的 FDI 净流入则呈现出较为显著的波动和下滑，可能反映出国内外投资环境的变化。

老挝的 FDI 净流入波动较大，2013—2015 年之间呈现上升趋势，达到 2015 年的高点 16.93 亿美元。然而，之后几年数据有所下降，直到 2023 年再次回升至 17.81 亿美元。

缅甸的 FDI 在 2013—2015 年间表现强劲，尤其在 2015 年达到 48.04 亿美元的峰值，但此后逐渐减少，2023 年仅为 6.62 亿美元，表明了投资环境可能存在不确定性或其他影响因素。

泰国的 FDI 净流入表现出显著波动，尤其是 2015 年的大幅增加至 137.47 亿美元和 2023 年的 191.30 亿美元。尽管中间几年存在波动，整体趋势在后期有所回升。

柬埔寨在这十年间 FDI 增长相对稳定，从 2013 年的 20.68 亿美元稳步上升到 2023 年的 38.83 亿美元。

越南的 FDI 增长趋势最为显著，尤其是在 2023 年达到 366 亿美元，这是所有国家中最高的，反映出越南作为投资目的地的吸引力逐年增强。

澜湄五国外国直接投资净流入如图 1-14 所示。

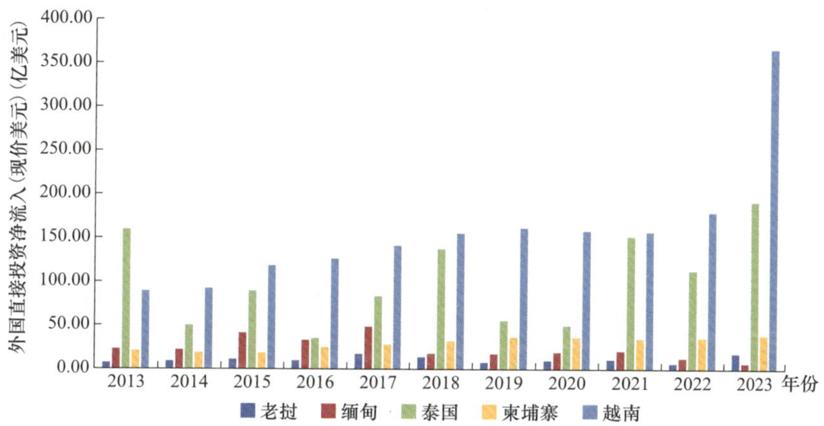

图 1-14　澜湄五国外国直接投资净流入

数据来源：世界银行、国际货币基金组织

1.2.5　进出口贸易

从 2013—2023 年期间的澜湄五国出口额度来看，越南和泰国的商品出口额在澜湄五国中占据主导地位，且越南的增长尤为迅速。泰国的出口额虽然最高，但增长较为平缓。老挝和柬埔寨的商品出口额虽然相对较低，但增速显著，特别是老挝在 2018 年后的快速增长。缅甸的商品出口额波动较大。

老挝的商品出口额从 22.6 亿美元稳步增长至 83.7 亿美元，增长势头强劲，特别是在 2018 年后增速加快，从 61.2 亿美元增长至 2023 年的 83.7 亿美元。

缅甸的商品出口额在 2013—2018 年期间增长明显，从 112 亿美元增加到 180 亿美元。但从 2019 年起，出口额出现波动并逐步下降，2023 年降至 136 亿美元。

泰国的商品出口额在澜湄五国中最高，但其增长趋势较为平缓。从 2013 年的 2290 亿美元增长至 2023 年的 2850 亿美元，期间经历了一些波动，例如 2015 年和 2020 年。

柬埔寨的商品出口额在过去十年中持续增长，从 2013 年的 67 亿美元增长至 2023 年的 235 亿美元，尽管起点较低，但增速稳定且显著，特别是从 2017 年的 148 亿美元增长至 2023 年的 235 亿美元。

越南的商品出口额表现出强劲的增长态势，从 2013 年的 1320 亿美元增长至 2023 年的 3540 亿美元，几乎增长了三倍。特别是从 2018 年的 2640 亿美元到 2021 年的 3360 亿美元，增速非常显著，尽管 2023 年略有下降，但仍处于较高水平。

澜湄五国的商品出口如图 1-15 所示。

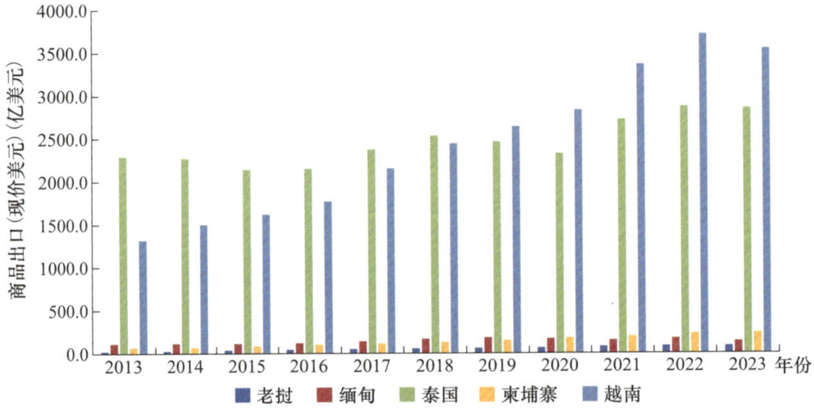

图 1-15　澜湄五国的商品出口

数据来源：世界银行、国际货币基金组织

从 2013—2023 年澜湄五国进口额来看，泰国和越南的商品进口额在澜湄五国中占据主导地位，且越南的增长尤为迅速。泰国尽管进口额最高，呈波动性增长。老挝和柬埔寨的商品进口额虽然相对较低，但增速显著，尤其是柬埔寨在 2017 年后的快速增长。缅甸的商品进口额波动较大。

老挝的商品进口额从 2013 年的 30.8 亿美元增长到 2023 年的 77.1 亿美元。特别是在 2014 年到 2015 年间进口额大幅上升，从 42.7 亿美元增至 56.8 亿美元，此后虽然有所波动，但总体呈现上升趋势。2021 年之后，进口额再次快速增长，从 62.8 亿美元增长到 2023 年的 77.1 亿美元。

缅甸的商品进口额在 2013—2023 年期间变化较大。起初，从 2013 年的 120 亿美元增长到 2015 年的 193 亿美元，但随后波动下降，2023 年进口额为 156 亿美元。

泰国的商品进口额在澜湄五国中最高，但也表现出显著的波动。从 2013 年的2500 亿美元下降到2015 年的 1940 亿美元，然后逐步回升至2018 年的2480 亿美元。2021 年后，进口额再次增长，2022 年达到 3010 亿美元，2023 年略有回落至 2900 亿美元。

柬埔寨的商品进口额从 2013 年的 96 亿美元稳步增长到 2023 年的 244 亿美元。特别是在 2017 年之后，进口额显著增加，从 191 亿美元增长到 2023 年的 244 亿美元。

越南的商品进口额显示出持续快速增长的趋势，从 2013 年的 1320 亿美元增长到 2023 年的 3260 亿美元。尤其是在 2018 年后，进口额迅速上升，从 2630 亿美元增至 2022 年的 3590 亿美元，2023 年有所回落至 3260 亿美元。

澜湄五国的商品进口如图 1-16 所示。

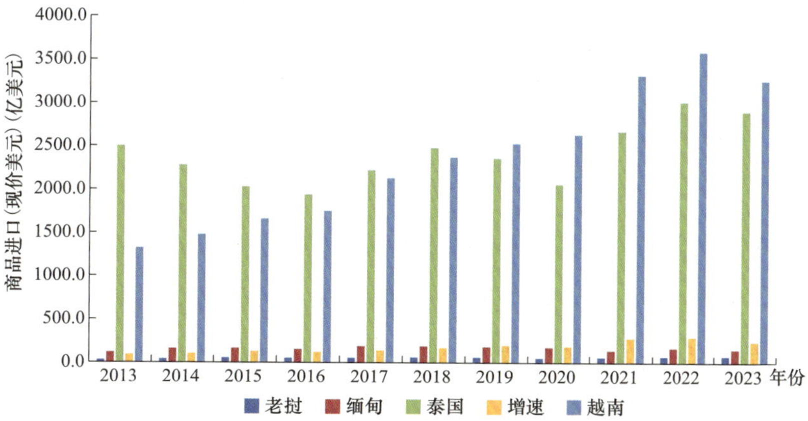

图 1-16　澜湄五国的商品进口

数据来源：世界银行、国际货币基金组织

贸易出口额减去贸易进口额的差值为贸易顺差，当贸易顺差为正时，意味着该国在国际市场上具有较强的竞争力，能够赚取更多外汇，有利于经济增长和增加就业。当贸易顺差为负时，也称逆差，表明国家对外国商品和服务的依赖较大，可能导致外汇流出和经济结构失衡。虽然逆差可能反映出国内需求强劲，但长期逆差需通过提升国内产业竞争力来加以改善。

从 2013—2023 年澜湄五国贸易顺差来看，越南表现出了最强的贸易顺差，显示出其在国际市场上有显著的出口优势。相比之下，泰国和柬埔寨经历了波动的贸易顺差状态，尤其是泰国在大部分年份中处于逆差状态。老挝和缅甸的贸易顺差情况也表现出明显的波动，但近年来都有所改善。

老挝的贸易顺差在 2013—2023 年期间波动较大。2013 年，老挝的贸易顺差为－8.2 亿美元，存在一定的贸易逆差。然而，随着时间推移，贸易顺差逐渐改善，特别是 2021 年和 2022 年出现了显著的顺差，分别为 7.5 亿美元和 14.2 亿美元。2023 年虽然有所回落至 6.6 亿美元，但总体呈现改善趋势。

缅甸的贸易顺差经历了显著的波动和负值。2013 年缅甸的贸易顺差为－8.1 亿美元，此后在 2015 年恶化至－53.7 亿美元。2020 年和 2021 年出现了小幅顺差，分别为 8.3 亿美元和－3.2 亿美元，但 2022 年再次出现－19.7 亿美元的逆差。

泰国的贸易顺差在大多数年份中保持为负值。2013 年，泰国的贸易顺差为－210 亿美元，2017 年略有改善，顺差为 260 亿美元。随后，泰国的贸易顺差在 2018 年再次回落到 50 亿美元，甚至 2022 年出现－140 亿美元的逆差，2023 年略有回升至－50 亿美元。

柬埔寨的贸易顺差在 2013—2023 年期间也是波动的。2013 年，柬埔寨的贸易顺差为－28.9 亿美元，随后逐年增加逆差，特别是在 2019 年和 2020 年，顺差达到高点－92.8 亿美元和－73.3 亿美元。然而，2021 年和 2022 年柬埔寨出现了逆差减小，分别为－14.0 亿美元和－9.2 亿美元。2023 年逆差为 0.0 亿美元，表明柬埔寨在近几年逐步改善了其贸易状况。

越南在这段时期表现出显著的贸易顺差。从 2013 年的 0.0 亿美元顺差开始，到 2023 年增至 280 亿美元，显示出强劲的贸易盈余。尤其是在 2017 年和 2021

年，顺差分别达到 200 亿美元和 120 亿美元。表明越南在这一时期内的出口表现非常强劲，远超进口额。

澜湄五国的贸易顺差如图 1-17 所示。

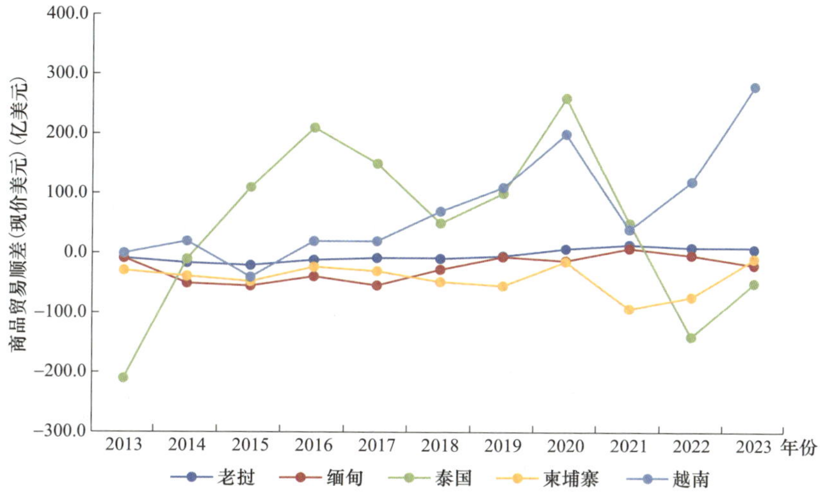

图 1-17　澜湄五国的贸易顺差

数据来源：世界银行、国际货币基金组织

从 2013—2023 年的澜湄五国贸易总额上看，澜湄五国的贸易总额大多呈上升趋势，其中越南和泰国的增长尤为显著，而缅甸的贸易总额在经历了增长后有所回落。

老挝的贸易总额稳定增长，从 53.5 亿美元增加到 160.8 亿美元，显示出稳定的经济扩张趋势。

缅甸的贸易总额在 2013—2018 年期间稳步增长，从 232.8 亿美元增至 359.5 亿美元，但自 2018 年起开始回落，2023 年降至 291.6 亿美元。这一波动可能受到了国内政治和经济不稳定因素的影响。

泰国的贸易总额在这一时期大幅增长，从 4790 亿美元增长至 5750 亿美元。然而，泰国的增长并非线性，其在 2020 年和 2021 年经历了显著的回落，这可能与新冠疫情的影响有关，之后才逐步回升。

柬埔寨的贸易总额从 162.2 亿美元增至 478.6 亿美元，显示出持续的增长。虽然增长幅度较大，但整体趋势较为平稳。

越南的贸易总额从 2640 亿美元增加到 6800 亿美元，整体上显示出强劲的增长趋势。然而，近几年该国的贸易总额增长速度放缓，并在 2023 年出现回落。

澜湄五国的贸易总额如图 1-18 所示。

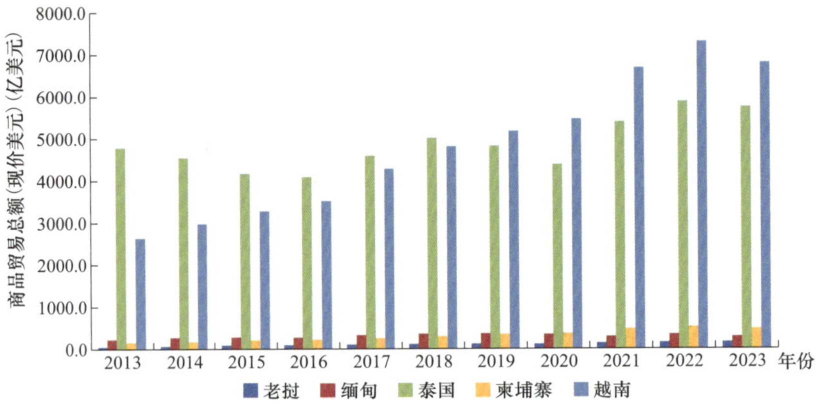

图 1-18　澜湄五国的贸易总额

数据来源：世界银行、国际货币基金组织

1.2.6　对华贸易

从澜湄五国 2013—2023 年的对华出口额来看，**越南和泰国在对华出口总额上处于领先地位，且越南的增长尤为迅猛**。**缅甸和老挝尽管表现出较大的波动性，但整体趋势仍然向上**。**柬埔寨则在较低的基数上实现了稳步增长**。

老挝的对华出口总额从 2013 年的 10.1 亿美元逐步上升，到 2023 年达到 37.5 亿美元，特别是在 2017 年后增长更为明显。

缅甸的对华出口总额在 2013—2018 年期间波动较大，2015 年达到 54 亿美元的高点，但随后在 2017 年降至 47 亿美元。尽管如此，缅甸的对华出口在 2019 年和 2020 年分别增至 81 亿美元和 115 亿美元，但到 2023 年又下降至 95 亿美元，对华出口存在显著的波动性。

泰国的对华出口总额总体保持增长态势，从 2013 年的 385 亿美元增长至 2019 年的 618 亿美元，显示出较为稳定的增长趋势。尽管 2020 年和 2023 年出现一定回落，分别降至 566 亿美元和 504 亿美元，但整体水平仍保持在较高的范围内。

柬埔寨的对华出口额从 2013 年的 4 亿美元增长至 2023 年的 21 亿美元，虽然绝对金额较低，但整体呈现出稳定增长的趋势，特别是在 2017 年以后，增速有所加快。

越南在对华出口方面表现最为突出，从 2013 年的 169 亿美元猛增至 2023 年的 923 亿美元。这一增长不仅显示出越南作为中国贸易伙伴的重要性提升，也反映出越南在全球供应链中的地位日益重要，特别是在 2017 年之后，越南对华出口快速增长，表现尤为显著。

澜湄五国对华出口总额如图 1-19 所示。

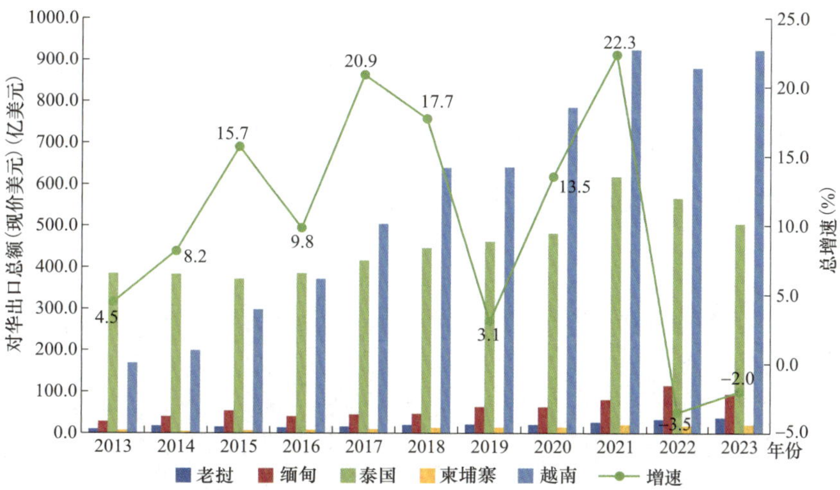

图 1-19　澜湄五国对华出口总额

数据来源：世界银行、国际货币基金组织

从 2013—2023 年澜湄五国对华进口总额来看，**越南和泰国在对华进口上处于领先地位，并且呈现出较为明显的增长趋势，而缅甸和老挝则表现出更多的波动**。**柬埔寨虽然起点较低，但也显示出稳步增长的态势**。

老挝的对华进口额在这一期间波动较大，起初在 2013 年为 17.2 亿美元，但在 2014 年和 2015 年分别降至 18.4 亿美元和 12.3 亿美元，随后逐渐恢复，并在 2023 年达到 33.6 亿美元，显示出逐步回升的趋势，特别是在**近两年增长**

显著。

缅甸的对华进口额也经历了较大幅度的波动。2013 年为 73 亿美元，2014 年有所下降，随后在 2015 年和 2017 年出现了显著上升，分别达到 97 亿美元和 105 亿美元，但此后又经历了一些波动，直到 2023 年降至 114 亿美元。

泰国的对华进口额总体呈现**稳定上升的趋势**，从 2013 年的 327 亿美元增长到 2023 年的 755 亿美元。虽然中间也有一些小幅波动，但总体上是逐年上升，尤其是在 2018 年和 2019 年增速较为明显。

柬埔寨的对华进口额从 2013 年的 34 亿美元逐步增加到 2023 年的 127 亿美元。总体来看，柬埔寨在这十年间**对华进口额持续增长**，特别是在 2018 年之后，增长速度显著加快。

越南的对华进口额在澜湄五国中最为突出，从 2013 年的 486 亿美元增长到 2023 年的 1374 亿美元，几乎翻了三倍。特别是从 2017 年开始，越南的对华进口额迅速增加，显示了与中国在贸易上的紧密联系。

澜湄五国对华进口总额如图 1-20 所示。

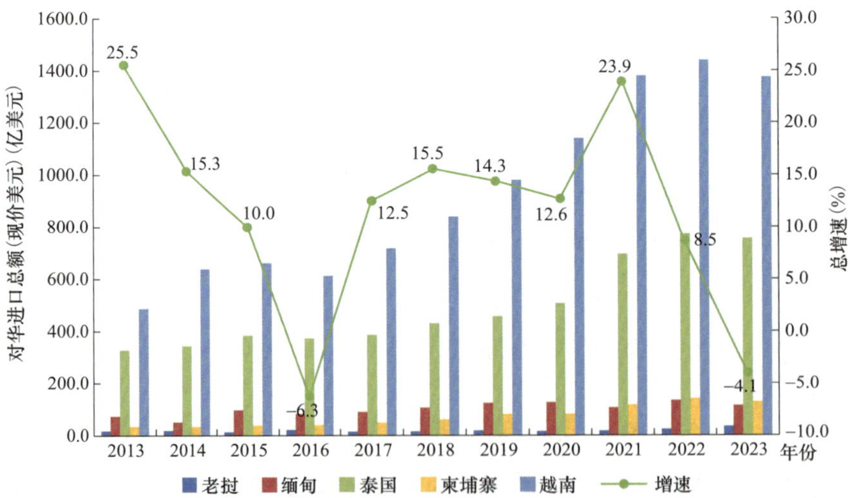

图 1-20　澜湄五国对华进口总额

数据来源：世界银行、国际货币基金组织

从 2013—2023 年澜湄五国对华贸易总额来看，澜湄五国的对华贸易总额整体呈现出显著增长的趋势，从 2013 年的近 1535 亿美元增长至 2023 年的 3815

亿美元，**几乎翻了两倍**。**越南在这一增长中占据了主导地位，其对华贸易额占澜湄五国总额的最大比例，且增速最快**。**泰国紧随其后，两国对华贸易额在澜湄五国中遥遥领先**。

越南在澜湄五国中表现最为突出，从 2013 年的 655 亿美元增加到 2023 年的 2297 亿美元，显示出极强的贸易增长能力。越南的对华进出口额在 2021 年达到峰值，随后略有回落，但仍保持在较高水平。

泰国的对华贸易额也呈现稳定增长，从 2013 年的 712 亿美元增长至 2023 年的 1259 亿美元，特别是在 2021 年达到顶峰，与中国的贸易联系日益紧密。

老挝、缅甸和柬埔寨的对华贸易额相对较小，但也都有出不同程度的增长。老挝在 2023 年达到 71 亿美元，缅甸在 2021 年达到顶峰的 248 亿美元，而柬埔寨在 2021 年突破了 137 亿美元，进出口额在稳定提升。

澜湄五国对华贸易总额如图 1-21 所示。

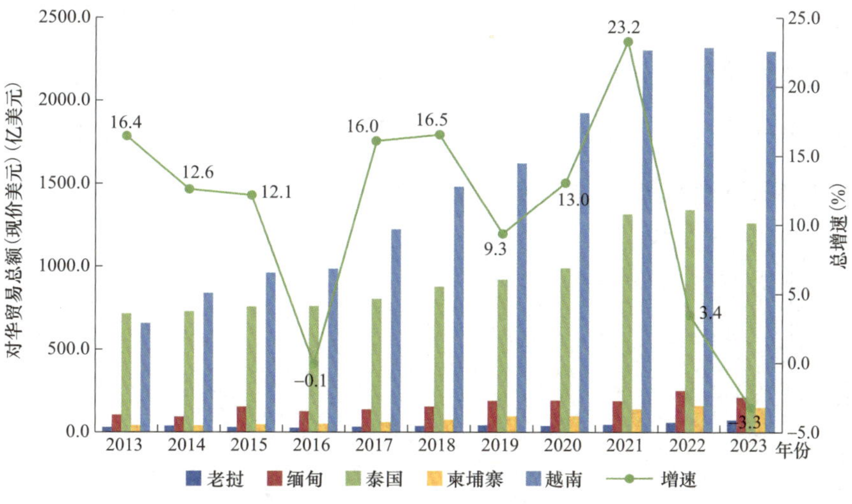

图 1-21　澜湄五国对华贸易总额

数据来源：世界银行、国际货币基金组织

从 2013—2023 年澜湄五国对华贸易占本国贸易比例来看，**澜湄五国对华贸易占比整体呈现增加的趋势，尤其是在缅甸和柬埔寨这两个国家**。**老挝虽然在 2013 年后经历了占比的下降，但在近几年有所回升，而泰国和越南的对华贸易占比变化较为平稳，显示出一定的贸易多样化**。

老挝的对华贸易占比呈现出先下降后回升的趋势，2013 年为 51.1%，2023 年为 44.2%。整体来看，老挝对中国的依赖程度较高，虽然在 2013—2016 年有所减弱，但自 2017 年持续上升。

缅甸对华贸易占比在此期间显著增加，从 2013 年的 43.8%增加到 2023 年的 71.4%，尤其是自 2017 年起，缅甸对华贸易占比迅速攀升，表明其对中国市场的依赖性大幅增强。

泰国的对华贸易占比从 2013 年的 14.9%略有上升至 2023 年的 21.9%，增幅相对较小。泰国的对华贸易虽然增长，但整体占比相对稳定，其贸易伙伴多元化程度较高。

柬埔寨的对华贸易占比从 2013 年的 23.3%上升至 2023 年的 30.9%，整体呈现逐步上升趋势，尤其是近几年增长显著，其对中国市场的依赖有所增加，但仍保持一定的多样化。

越南的对华贸易占比在 2013—2023 年期间呈现先升后降的趋势，整体在 27%～35%之间波动。尽管越南的对华贸易额大幅增长，但其占比变化相对平稳，显示出越南贸易关系的多样性和中国在其贸易中重要但不完全主导的地位。

澜湄五国对华贸易占比如图 1-22 所示。

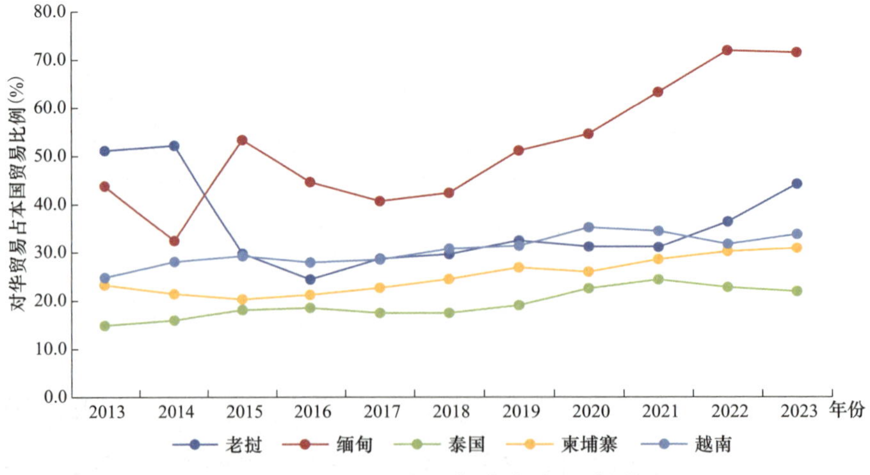

图 1-22 澜湄五国对华贸易占本国贸易比例

数据来源：世界银行、国际货币基金组织

在 2013—2023 年期间澜湄五国对华贸易顺差来看，**除老挝外，其他四国均表现为对华贸易逆差，且逆差呈扩大趋势**。老挝是唯一一个在多个年份保持贸易顺差的国家，尤其在 2020 年和 2021 年达到峰值，然而从 2023 年的数据来看，老挝的顺差有所回落，显示出其贸易平衡的波动性。

缅甸则几乎全程处于贸易逆差状态，尽管在 2021 年和 2022 年有所缓解，逆差缩小，但总体仍表现为对中国进口的高依赖性。泰国的情况更为复杂，虽然在前期曾经出现顺差，但从 2019 年起逆差显著扩大，尤其在 2022 年和 2023 年，逆差规模剧增。

柬埔寨在对华贸易中始终处于逆差，并且逆差逐年增加，特别是在 2022 年达到了高峰。越南的逆差问题同样突出，自 2013 年以来，一直维持显著的贸易逆差，尽管在 2016 年和 2017 年有所改善，但总体趋势是逆差扩大，尤其是在 2021—2023 年逆差幅度更为显著。

澜湄五国对华贸易顺差如图 1-23 所示。

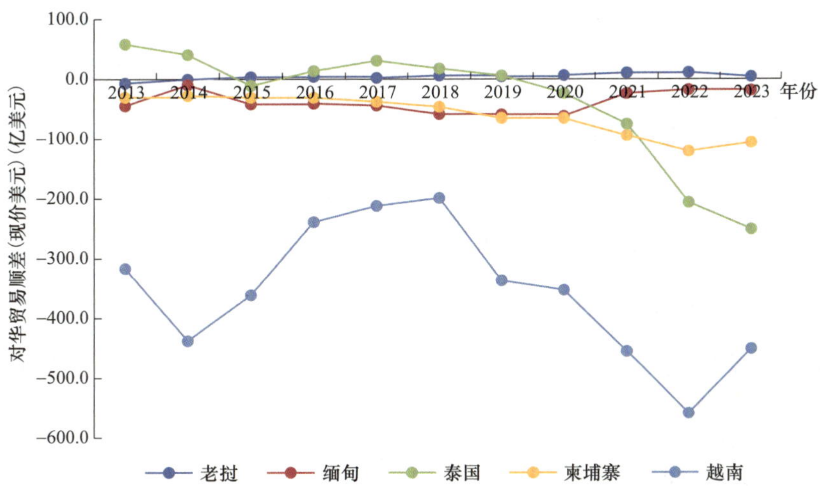

图 1-23　澜湄五国对华贸易顺差

数据来源：世界银行、国际货币基金组织

1.2.7　消费者物价指数

消费者价格指数（consumer price index，CPI）是衡量一篮子商品和服务价格水平随时间变化的指标，反映消费者维持特定生活水平所需支出的变动情况。CPI 通过定期收集和分析代表性商品和服务的价格数据来计算，包括食品、住房、交通、医疗等各个领域的价格变化。CPI 用于评估通货膨胀或通货紧缩的程度，如果 CPI 持续上升，意味着物价总体水平在上涨，显示出通货膨胀的趋势。

从 2013—2023 年澜湄五国的 CPI 变化情况来看，老挝和缅甸在近几年经历了显著的通胀压力，而泰国的 CPI 增长率则相对较低，甚至出现通货紧缩。柬埔寨和越南的 CPI 增长率相对稳定，但也面临一定的通胀压力。

新冠疫情期间，全球 CPI 的中位数在 2020 年从 2.2%下降到 1.9%，而在 2021 年和 2022 年，由于需求恢复快于供应，CPI 中位数从 1.9%升至 8.8%。发达国家通常保持较低的通货膨胀率（如美国和欧洲大部分国家在 2%左右），发展中国家的 CPI 增长一般比发达国家要高，可能在 5%～10%之间，甚至更高，这与这些国家的经济发展阶段、货币政策和外部经济环境等因素有关。

老挝的 CPI 增长在 2013—2019 年期间相对稳定，但在 2020 年开始迅速上升，尤其是在 2022 年和 2023 年，分别达到 22.96%和 31.23%，其国内通胀压力的急剧增加。

缅甸的 CPI 增长率在 2015 年达到高峰为 9.45%，之后虽然有些波动，但总体上保持在一个较高的水平。特别是 2021 年和 2022 年，通货膨胀率分别达到 16.23%和 14.18%，通胀压力显著。

泰国的 CPI 增长率相对较为稳定，甚至在 2015 年和 2018 年出现了负增长（通货紧缩）。不过，2022 年的 CPI 增长率达到了 6.08%，这可能反映了新冠疫情后经济恢复期间的价格上涨压力。

柬埔寨的 CPI 增长率总体稳定，大多数年份都保持在 2%～3%之间。然而，2022 年达到 5.34%，显示出通胀压力的增加。

越南的 CPI 增长率在 2013 年较高为 6.59%，随后在 2014 年显著下降到 4.08%，并在 2015 年进一步降至 0.63%。之后，CPI 增长率逐渐回升，但总体保持在一个较为稳定的水平。

澜湄五国按 CPI 衡量的通货膨胀率如图 1-24 所示。

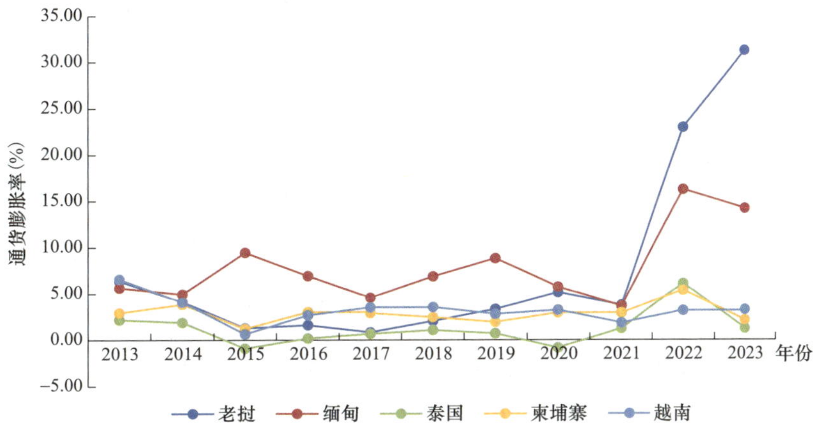

图 1-24　澜湄五国按 CPI 衡量的通货膨胀率

数据来源：世界银行、国际货币基金组织

GDP 平减指数是一种衡量一国经济中所有最终商品和服务价格变化的综合指数。它通过比较名义 GDP 和实际 GDP 来计算，反映了经济整体价格水平的变化。GDP 平减指数能够反映整个经济中的通货膨胀水平，涵盖了所有生产的商品和服务，因此适用于宏观经济分析和制定国家经济政策，而 CPI 更贴近民生，两者在衡量通货膨胀上各有侧重。发达国家的 GDP 平减指数通常稳定在 1%～2%左右，而许多发展中国家的这一指标可能会达到 3%甚至更高。

从 2013—2023 年澜湄五国的 GDP 平减指数上看，老挝和缅甸的指数波动较大，显示出经济的不稳定性，而泰国、柬埔寨和越南则表现出相对的稳定。

老挝的 GDP 平减指数在这个时期总体上呈现出波动的趋势，从 2013 年的 6.47%下降到 2017 年的最低点 1.20%，然后在 2021 年和 2022 年大幅上升至 15.77%和 24.42%，反映了老挝经济中价格水平的不稳定。

缅甸的 GDP 平减指数也表现出显著的波动，尤其是在 2019 年达到 19.52%的高点。总体趋势显示缅甸的价格水平在较高的范围内波动，尤其是从 2018 年开始出现显著增长，虽然在 2021 年和 2022 年有所回落，但仍然维持在较高水平。

泰国的 GDP 平减指数总体较为稳定，波动较小。2013—2023 年期间，泰国的指数基本保持在 1.0%～2.6%的范围内，唯一例外是 2020 年出现了 1.30%

的负增长。

柬埔寨的 GDP 平减指数在 2013—2023 年期间呈现出相对平稳的上升趋势，除了 2018 年的 0.67%的负增长之外，其余年份的指数基本稳定在 1.0%～4.0%的范围内，价格水平的相对稳定。

越南的 GDP 平减指数也显示出一定的波动，尤其是在 2015 年和 2017 年出现负值，但总体趋势显示出温和的增长，特别是在 2018 年之后的几年中，指数稳定在 2.0%～4.0%之间，价格水平相对稳定。

澜湄五国按 GDP 平减指数衡量的通货膨胀率如图 1-25 所示。

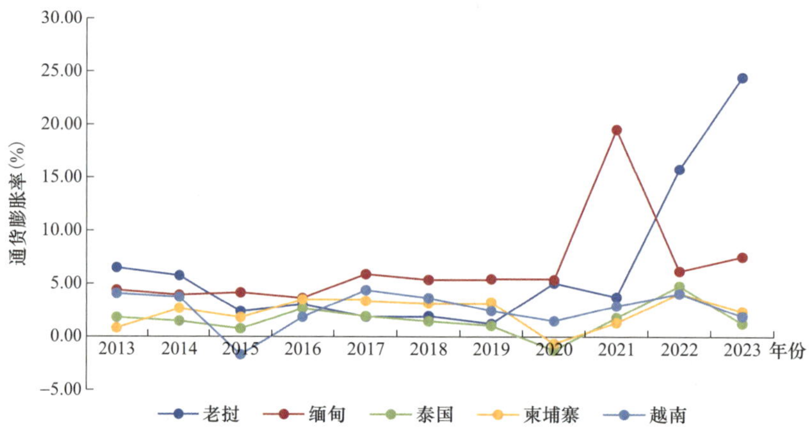

图 1-25　澜湄五国按 GDP 平减指数衡量的通货膨胀率

数据来源：世界银行、国际货币基金组织

1.2.8　货币储备（外汇储备）

总货币储备（外汇储备）可以增强国家应对经济危机和外部冲击的能力，维护金融稳定，保障国际贸易和支付能力，并作为货币政策的工具。充足的货币储备能够提高市场信心，吸引外资，促进经济增长。

从 2013—2023 年澜湄五国的总货币储备规模来看，泰国一直保持着最高的外汇储备水平，2019 年达到 2580 亿美元，远超其他国家。泰国的外汇储备不仅规模最大，而且增长稳定，即使在 2019 年之后有所回落，但也依然维持在较高水平。越南次之，显示了其作为快速发展的新兴经济体的实力。缅甸和柬埔寨的外汇储备相对较小，老挝的储备量在澜湄五国中最低，且变化相对平稳。

从变化趋势来看，澜湄五国普遍在 2019 年达到了外汇储备的峰值。2013—2019 年期间，老挝的外汇储备逐步增长，2019 年达到 18.95 亿美元，随后略有下降，到 2023 年为 17.70 亿美元。缅甸的储备量在 2019 年达到 76.70 亿美元后，最新数据不全，但整体趋势显示其储备量在经历过 2014 年的大幅下降后逐步恢复。泰国的总货币储备从 2013 年开始逐年增加，2019 年达到 2580 亿美元的峰值，之后有所下降，2023 年为 2240 亿美元。柬埔寨的外汇储备在 2019 年达到 213.28 亿美元的高点，随后有所回落，2023 年为 178.01 亿美元。越南的外汇储备在 2019 年达到 1090 亿美元，之后略有下降，2023 年为 865.40 亿美元。

澜湄五国的总货币储备如图 1-26 所示。

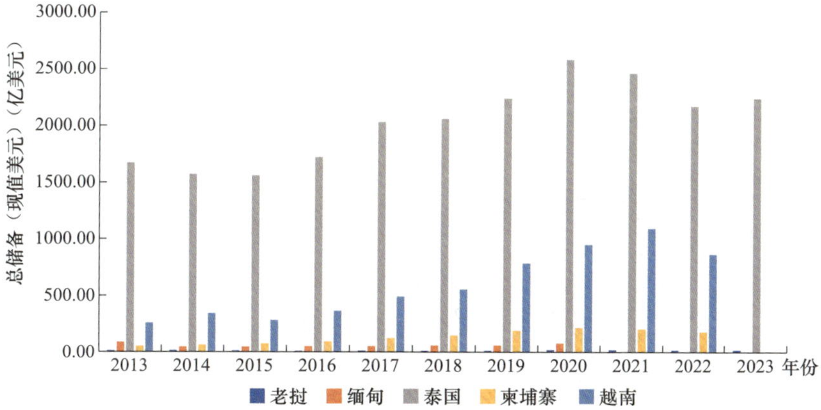

图 1-26 澜湄五国的总货币储备

数据来源：世界银行、国际货币基金组织

黄金的流动性和使用灵活性相对较低，因为黄金市场的波动性大，变现过程可能会受到市场条件的限制。而总货币储备包括了黄金，因此体现了国家更广泛的储备能力，包括长期价值。通过总货币储备减去黄金这一指标可以剔除黄金这一相对难以立即变现的部分，专注于那些流动性更强、可快速用于国际支付和外汇市场干预的资产。

从 2013—2023 年澜湄五国的货币储备减去黄金的数据看，泰国和越南的货币储备能力最强，而老挝则相对较弱。从规模上看，泰国和越南的总货币储备远高于其他三个国家，泰国的储备量在整个十年内始终保持领先，而越南的储备自 2019 年起也大幅增加，接近泰国。相比之下，缅甸、老挝和柬埔寨的储备量明显较低，特别是老挝，其储备量始终处于澜湄五国中的最低水平。

在增长趋势上，泰国和越南均在 2019 年达到峰值，随后有所回落，但总体保持稳定的高水平储备能力。缅甸和柬埔寨也在 2019 年前后达到了相对高点，但其储备量的波动更为明显。老挝的储备增长较为缓慢，2019 年后的储备量保持在相对较低的水平。

澜湄五国总货币储备减去黄金如图 1-27 所示。

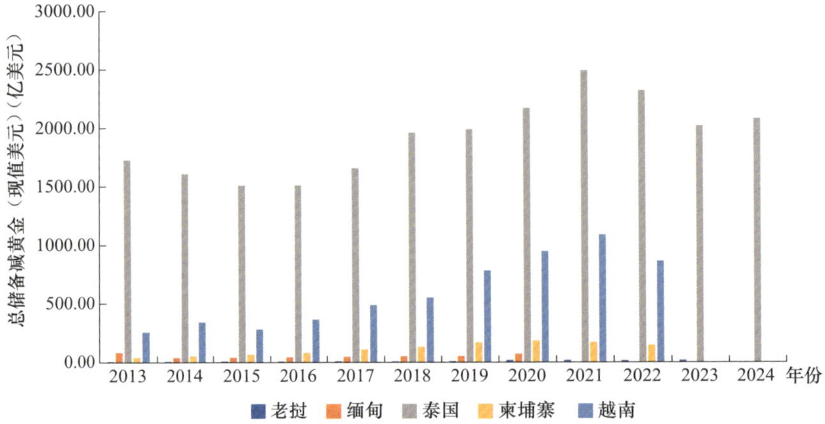

图 1-27　澜湄五国总货币储备减去黄金

数据来源：世界银行、国际货币基金组织

外债存量占 GNI 百分比是衡量一个国家债务负担的重要指标。它表示一个国家的外债总额与其国民总收入（GNI）相比的比例，反映了该国经济体对外部债务的依赖程度。较高的外债占比可能表明债务负担较重，经济更易受外部经济波动影响，而较低的比例则意味着经济较为稳健，债务相对可控。一般而言，发展中国家的外债占 GNI 的比例较高，这些国家依赖外部借贷来支持经济增长和发展。而发达国家则通常能够通过内生的财政资源来支持其经济活动，外债占比相对较低。根据世界银行的数据，发达国家的外债占 GNI 的比例一般在 20%～60% 之间。例如，2020 年，美国的外债占 GNI 约为 39%，而德国为 56%。相比之下，许多发展中国家的这一比例要高得多。例如，2020 年南非的外债占 GNI 为 57%，而斯里兰卡则高达 70%以上。部分最不发达国家的外债占比甚至超过 100%。

从 2013—2023 年（2023 年数据暂缺）澜湄五国外债存量占 GNI 比例来看。老挝的外债占比明显高于其他国家，处于较高的经济风险中；缅甸的外债占比最低，其债务管理相对保守；泰国和越南的外债占比虽然不高但趋势不同，泰国较为稳定，越南则缓慢上升；柬埔寨则在外债占比方面表现出快速增长的趋势，经济对外债的依赖度在上升。

老挝的外债占比在这十年间大幅上升，特别是 2022 年达到 130.74%，远远高于其他国家，表现出对外债的高度依赖。缅甸的外债占比始终保持在相对较低的水平，波动在 15%～21%之间，尽管在 2022 年略有上升，但仍显示出其较为保守的债务管理策略。泰国的外债占比相对稳定，整体维持在 35%～42%之间。柬埔寨的外债占比在 2013—2022 年期间逐步上升，从 52.90%增长到 80.38%，外债在其经济中的重要性越来越高，未来需要注意管理债务风险。越南的外债占比则呈现温和上升趋势，从 2013 年的 32.10%增长至 2022 年的 37.70%，虽然没有明显的激增，但是持续的上升表明其外债在经济中的比重逐渐增加，需要保持警惕。

澜湄五国外债存量占 GNI 百分比如图 1-28 所示。

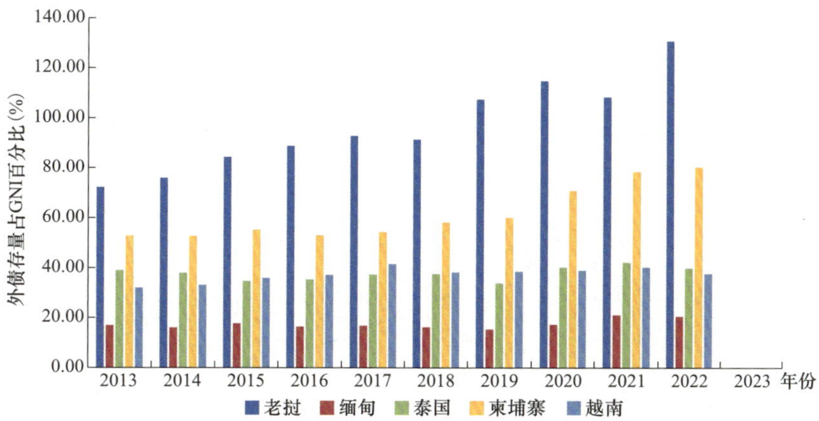

图 1-28 澜湄五国外债存量占 GNI 的百分比

数据来源：世界银行、国际货币基金组织

1.2.9 失业率

2013—2023 年期间，缅甸和老挝的失业率波动较大，而泰国、柬埔寨和越

南则相对稳定，特别地，缅甸在 2021 年的失业率急剧上升。

老挝的失业率在 2013 年为 1.76%，之后逐年上升，到 2016 年达到 3.27% 的峰值。之后失业率开始下降，到 2022 年降至 1.18%。这一趋势表明老挝在这十年期间经历了经济波动，但近年来失业率有所改善。

缅甸的失业率在 2013 年为 0.75%，保持较低水平，直到 2016 年略微上升至 1.36%。然而，2017 年显著下降到 0.41%，随后在 2018 年急剧上升至 1.48%。2021 年达到 4.34%的高峰，之后略有回落，但依然维持在较高的 2.84%。缅甸的失业率波动较大，特别是在近几年。

泰国的失业率从 2013 年的 0.25%上升到 2017 年的 1.10%，随后保持在较低水平，2022 年为 0.91%。总体来看，泰国的失业率保持在较低水平，尽管有一些波动，但并没有显著增加。

柬埔寨的失业率在 2013 年为 0.44%，在 2016 年下降到 0.14%的最低点。随后保持稳定，但在 2022 年降至 0.24%。柬埔寨的失业率长期处于较低水平，表明该国在就业方面相对稳定。

越南的失业率在 2013 年为 1.32%，之后波动上升，到 2018 年达到 2.10%。2020 年达到 2.39%的高点，之后略有回落，2022 年为 1.60%。越南的失业率总体上有所上升，但近年来有所改善。

澜湄五国的失业率（失业人口占劳动人口比例）如图 1-29 所示。

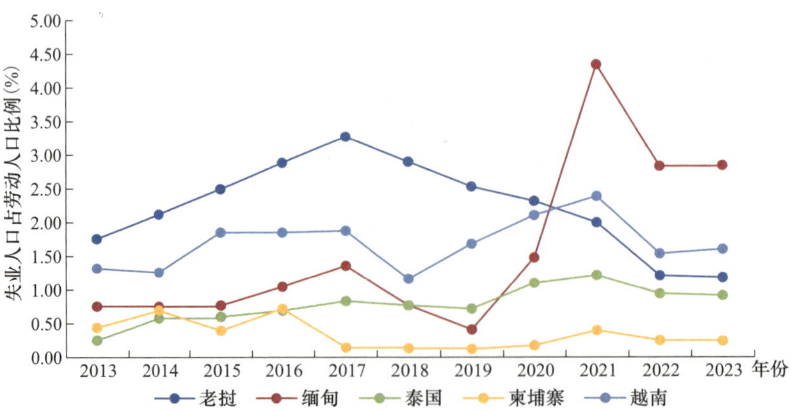

图 1-29　澜湄五国失业人口占劳动人口比例

数据来源：世界银行、国际货币基金组织

第 2 章

能源发展

创新引领

智力共享

2.1 能源供给

能源供给通常指一次能源的生产总量，一次能源是指自然界中以原有形式存在的、未经加工转换的能量资源，如煤炭、石油、天然气、水能、生物质能和新能源。新能源包括风能和太阳能，通常转化为电能再进行利用。

澜湄五国一次能源供给总量整体呈稳步上升趋势。2023 年澜湄五国总能源供给达到了 2.68 亿吨油当量，同比增长 1.27%，相比 2013 年增长了 21.59%，近十年的年均增长率约为 1.97%。分国别来看，泰国和越南一次能源供给占区域比重最高，两国占比之和超过 85%，其中泰国约占区域总供给的 48.39%，越南占 37.33%。缅甸、老挝、柬埔寨分别占区域总供给的 7.83%、3.25%、3.20%。2013—2023 年澜湄五国一次能源供给总量及年均增长率如图 2-1 所示。

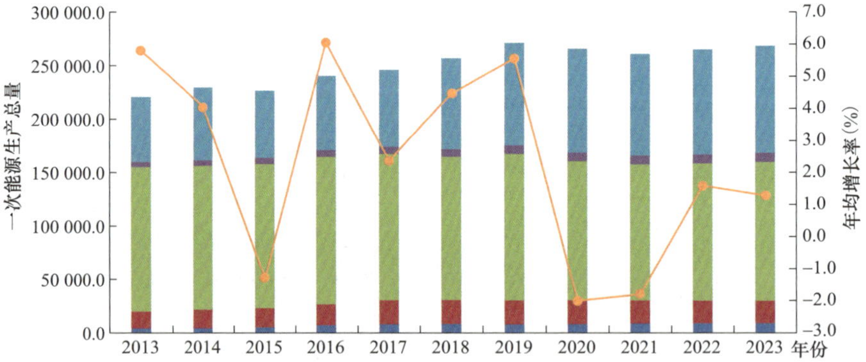

图 2-1　2013—2023 年澜湄五国一次能源生产总量及年均增长率（千吨油当量，%）

数据来源：根据国际能源署（IEA）、Enerdata、能源研究所（EI）等整理

能源供给结构方面，澜湄区域主要的一次能源包括煤炭、石油、天然气、生物质能和水能，分别占 2023 年总能源供给的 26.48%、32.80%、16.97%、16.83%和 4.35%。另外，新能源供给在一次能源供给中的占比约为 2.57%。煤炭、水能、新能源在近十年一次能源总供给中的占比有所提升，而生物质能占

比有明显下降，天然气、石油占比保持稳定。2013—2023 年澜湄五国一次能源供给结构如图 2-2 所示。

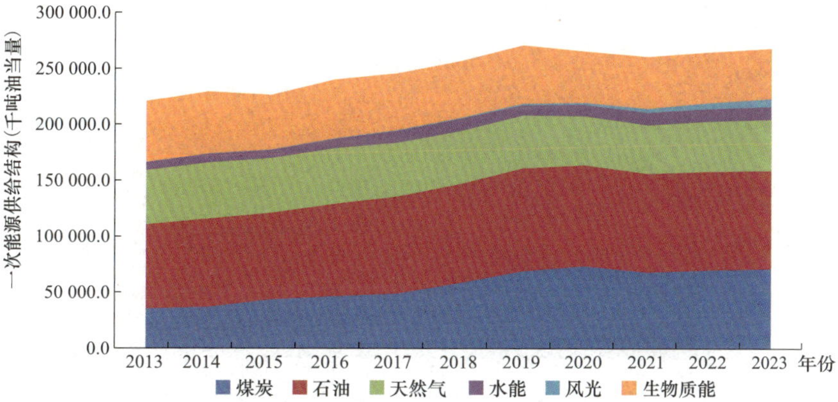

图 2-2　2013—2023 年澜湄五国一次能源供给结构（千吨油当量）

数据来源：根据国际能源署（IEA）、Enerdata、能源研究所（EI）等整理

分国别来说，老挝。2023 年能源总供给 870.9 万吨油当量，同比增长 1.20%，是 2013 年的 2.22 倍，结构方面，煤炭和水能占比最高，分别为 36.96%和 33.79%，另外天然气占比 11.56%，生物质能占比 17.60%，石油占比 11.56%。2013—2023 年老挝一次能源供给结构如图 2-3 所示。

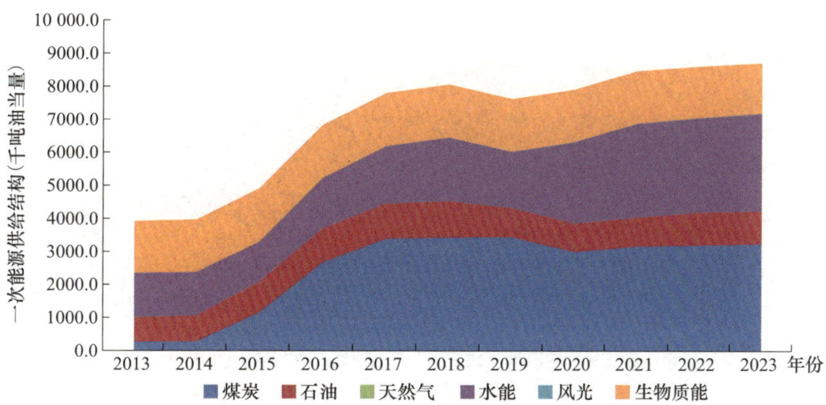

图 2-3　2013—2023 年老挝一次能源供给结构（千吨油当量）

数据来源：根据国际能源署（IEA）、Enerdata、能源研究所（EI）等整理

缅甸。2023 年能源总供给 2097.9 万吨油当量，同比下降 1.71%，相比 2013

年增长了 31.65%，结构方面，生物质能占比接近一半，为 49.71%；另外石油、天然气、煤炭和水能分别占 25.42%、15.23%、5.57%和 4.07%；新能源仅有极少量。2013—2023 年缅甸一次能源供给结构如图 2-4 所示。

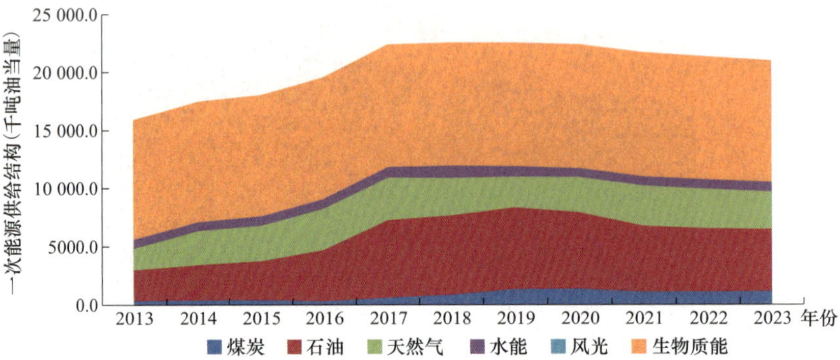

图 2-4 2013—2023 年缅甸一次能源供给结构（千吨油当量）

数据来源：根据国际能源署（IEA）、Enerdata、能源研究所（EI）等整理

泰国。2023 年能源总供给 12 972.4 万吨油当量，同比增长 1.22。结构方面，石油占比最高，约占 43.05%；另外天然气、煤炭、生物质能分别占 27.70%、12.75%和 15.53%，水能和新能源占比较低，分别占 0.35%和 0.62%。2013—2023 年泰国一次能源供给结构如图 2-5 所示。

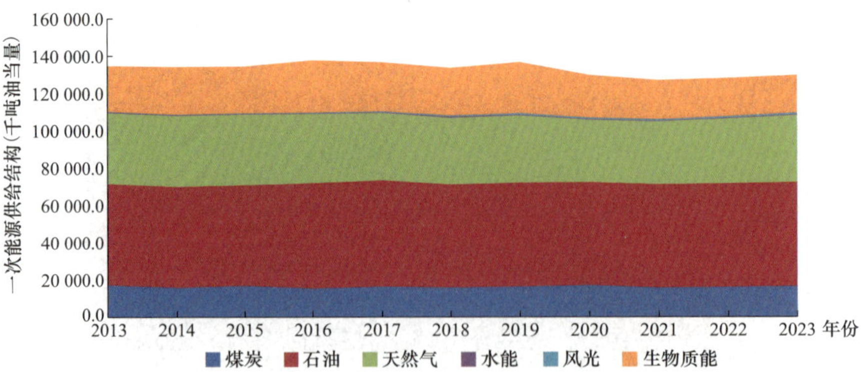

图 2-5 2013—2023 年泰国一次能源供给结构（千吨油当量）

数据来源：根据国际能源署（IEA）、Enerdata、能源研究所（EI）等整理

柬埔寨。2023 年能源总供给 858.9 万吨油当量，同比增长 1.77%，相比 2013 年增长了 74.51%。结构方面，石油、生物质能占比较高，分别占 41.16%和

39.17%；另外煤炭、水能和新能源分别占 12.01%、6.55%和 1.11%。2013—2023 年柬埔寨一次能源供给结构如图 2-6 所示。

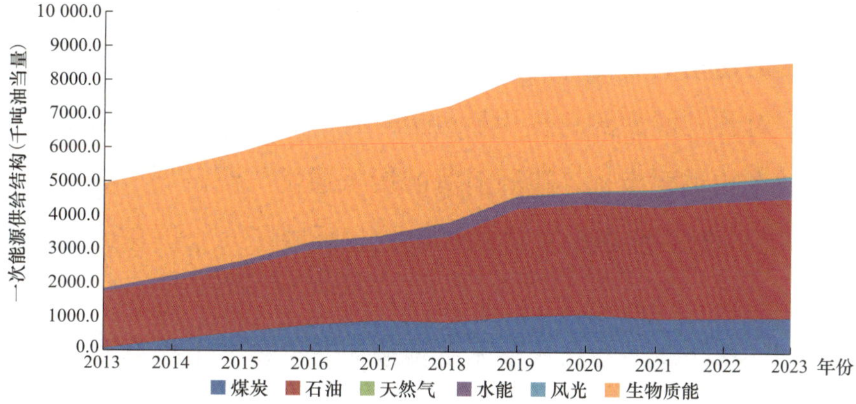

图 2-6　2013—2023 年柬埔寨一次能源供给结构（千吨油当量）

数据来源：根据国际能源署（IEA）、Enerdata、能源研究所（EI）等整理

越南。2023 年能源总供给 10 008.4 万吨油当量，同比增长 1.92%，相比 2013 年增长了 64.32%。结构方面，煤炭占比近一半，约占 49.00%；另外石油、生物质能和天然气分别占 22.19%、9.64%和 6.36%。水能和新能源分别占 6.84% 和 5.97%，越南是澜湄五国一次能源供给中新能源占比最高的国家。2013—2023 年越南一次能源供给结构如图 2-7 所示。

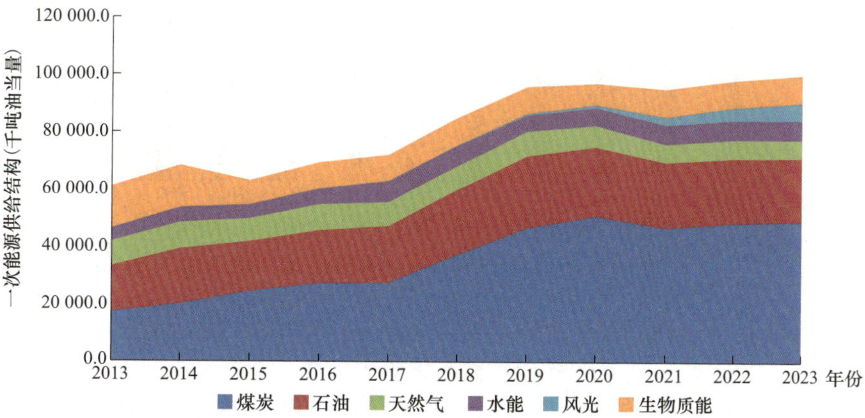

图 2-7　2013—2023 年越南一次能源供给结构（千吨油当量）

数据来源：根据国际能源署（IEA）、Enerdata、能源研究所（EI）等整理

2.2 能源消费

能源消费通常指的是在一定时间内，一个国家、地区或组织在生产、生活和其他活动中对各种能源的总使用量。能源消费量是衡量一个国家或地区能源需求和能源效率的重要指标，能源消费的增长通常与经济增长、人口增长和工业化水平有关。同时，能源消费模式和结构也反映了一个国家或地区的经济发展水平和能源政策。

澜湄五国终端能源消费总量整体呈稳步上升趋势。2023 年澜湄五国终端能源总消费达到了 1.96 亿吨油当量，同比增长了 0.45%，相比 2013 年增长了 15.46%，近十年年均增长率约为 1.45%。分国别来看，泰国和越南终端能源总消费占区域比重最高，分别为 48.63%和 36.47%。缅甸、老挝和柬埔寨分别占区域终端能源总消费的 8.96%、1.81%和 4.13%。2013—2023 年澜湄五国终端能源消费总量及年均增长率如图 2-8 所示。

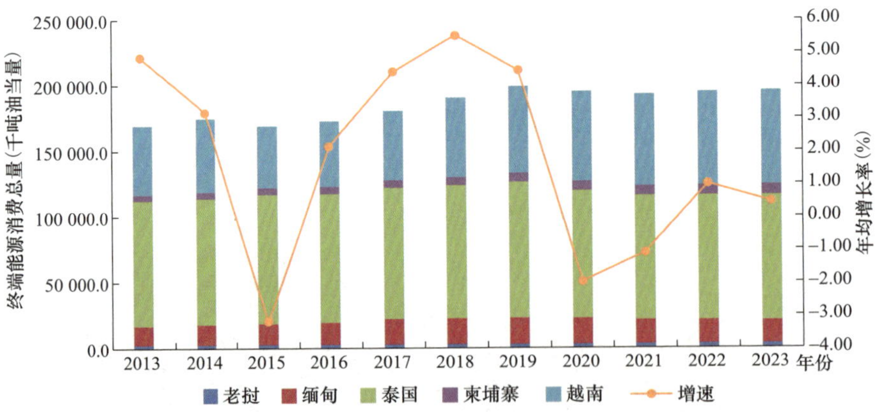

图 2-8 2013—2023 年澜湄五国终端能源消费总量及年均增长率（千吨油当量，%）

数据来源：根据国际能源署（IEA）、Enerdata、能源研究所（EI）等整理

终端能源消费结构方面，占比最高的是石油及其产品，其次是煤炭、电力和生物质能。2023 年石油及其产品消费占总能源消费的 40.84%，煤炭、电力、生物质能和天然气分别占 16.79%、21.78%、16.45%和 4.14%。近十年，煤炭、

电力在终端能源消费方面的占比有所提升，其中电力消费占比增长了 6.71%；生物质能的直接消费占比有所减少，石油及其产品、天然气消费有小幅度下降，整体变化趋势不明显。2013—2023 年澜湄五国终端能源总消费情况如图 2-9 所示。

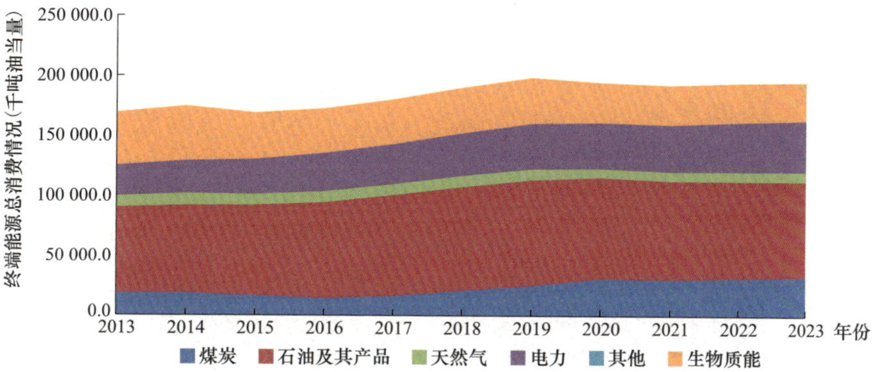

图 2-9　2013—2023 年澜湄五国终端能源总消费情况（千吨油当量）

数据来源：根据国际能源署（IEA）、Enerdata、能源研究所（EI）等整理

分国别来说，老挝。2023 年能源总消费 353.9 万吨油当量，同比增长 0.97%，相比 2013 年增长 30.84%。结构方面，生物质能、电力、石油及其产品占比较高，分别占总消费的 36.61%、29.79%和 28.48%；另外煤炭占比较低，约占 5.13%。2013—2023 年老挝终端能源总消费情况如图 2-10 所示。

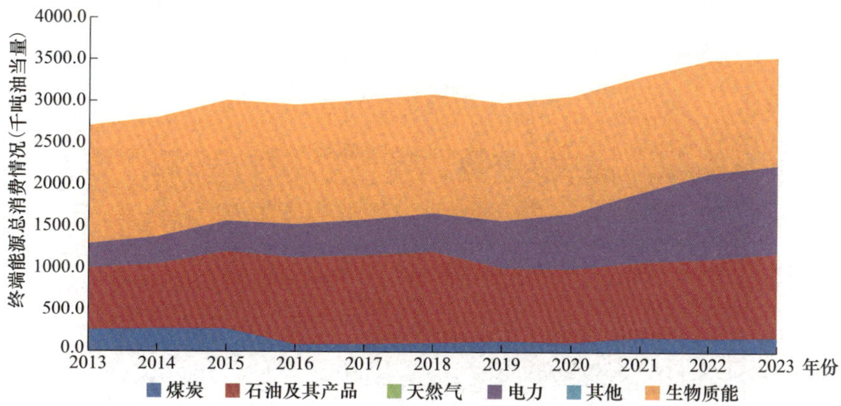

图 2-10　2013—2023 年老挝终端能源总消费情况（千吨油当量）

数据来源：根据国际能源署（IEA）、Enerdata、能源研究所（EI）等整理

缅甸。2023 年能源总消费 1751.9 万吨油当量，同比下降 2.18%，相比 2013 年增长 19.71%。结构方面，生物质能占总消费比例近 6 成，约占 59.49%，石油及其产品约占 28.40%，另外电力、天然气、煤炭消费分别占 8.07%、3.02% 和 1.01%。2013—2023 年缅甸终端能源总消费情况如图 2-11 所示。

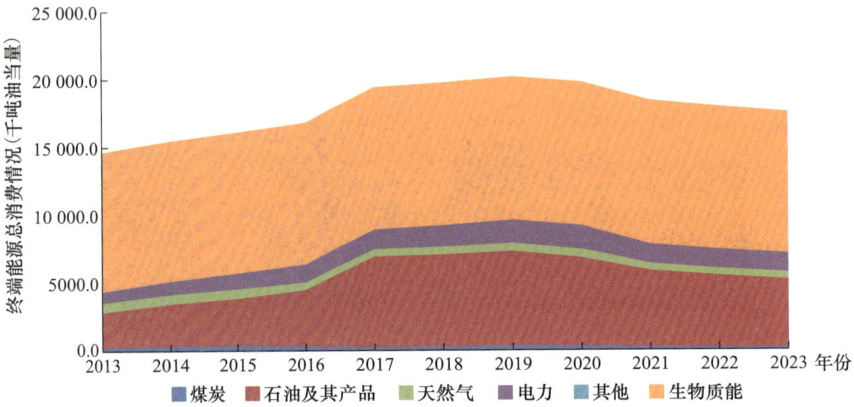

图 2-11　2013—2023 年缅甸终端能源总消费情况（千吨油当量）

数据来源：根据国际能源署（IEA）、Enerdata、能源研究所（EI）等整理

泰国。2023 年能源总消费 9512.5 万吨油当量，同比增长 0.33%，近十年终端能源消费维持稳定，无明显变化趋势。结构方面，石油及其产品占总消费比例近 6 成，约占 56.86%，电力、生物质能、煤炭、天然气分别占 18.45%、10.03%、8.89%和 5.74%。2013—2023 年泰国终端能源总消费情况如图 2-12 所示。

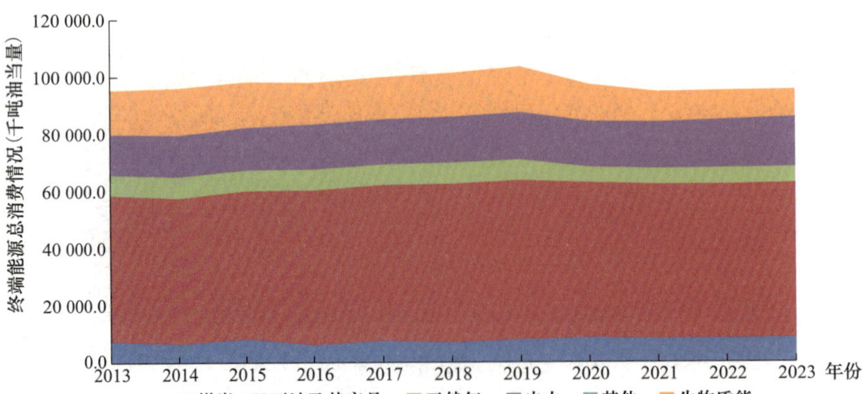

图 2-12　2013—2023 年泰国终端能源总消费情况（千吨油当量）

数据来源：根据国际能源署（IEA）、Enerdata、能源研究所（EI）等整理

柬埔寨。2023 年能源总消费 808.8 万吨油当量，同比增长 4.95%，相比 2013 年增长了 74.29%。结构方面，石油及其产品和生物质能占比较高，分别占 42.83%和 39.39%，另外电力占 15.44%，煤炭占 1.33%。2013—2023 年柬埔寨终端能源总消费结情况如图 2-13 所示。

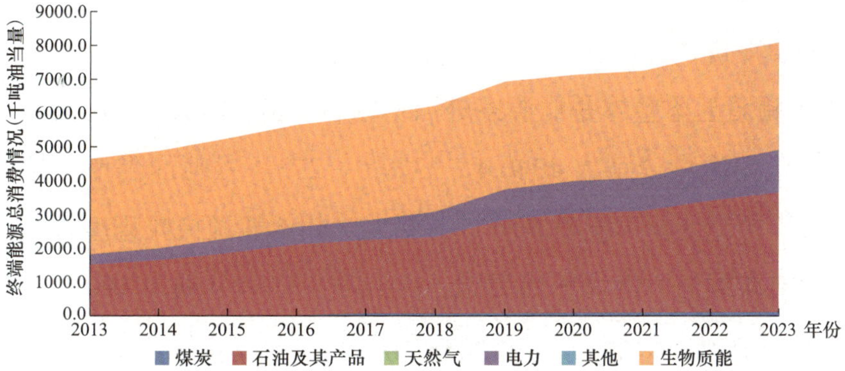

图 2-13　2013—2023 年柬埔寨终端能源总消费情况（千吨油当量）

数据来源：根据国际能源署（IEA）、Enerdata、能源研究所（EI）等整理

越南。2023 年能源总消费 7135.3 万吨油当量，同比增长 0.77%，相比 2013 年增长了 36.73%。结构方面，煤炭、电力、石油及其产品占比较高，分别占 33.51%、29.91%和 22.80%。另外生物质能和天然气分别占 10.82%和 2.95%。2013—2023 年越南终端能源总消费结构如图 2-14 所示。

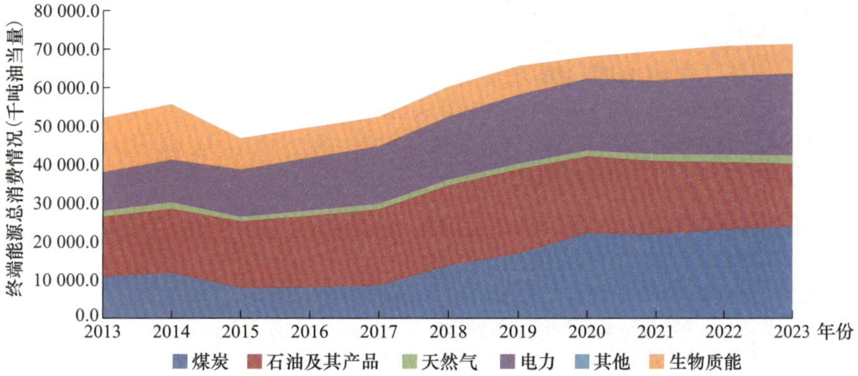

图 2-14　2013—2023 年越南终端能源总消费情况（千吨油当量）

数据来源：根据国际能源署（IEA）、Enerdata、能源研究所（EI）等整理

2.3 能源贸易

能源进口净额指一个国家或地区在一定时期内，能源进口总量减去能源出口总量后的差额。如果能源进口净额为正值，说明进口大于出口，表明该国家或地区是能源净进口国；如果为负值，则表示出口大于进口，是能源净出口国。

2023 年澜湄五国整体是能源净进口地区，泰国、越南、柬埔寨为能源净进口国，能源进口净额分别为 4040.4、2329.0、273.4 万吨油当量。越南近十年能源进口额不断增长，从能源净出口国变为对外部能源依赖程度较高的能源净进口国；**老挝和缅甸为能源净出口国，**能源净出口额分别为 160.3、372.9 万吨油当量。2013—2023 年澜湄五国能源进口净额如图 2-15 所示。

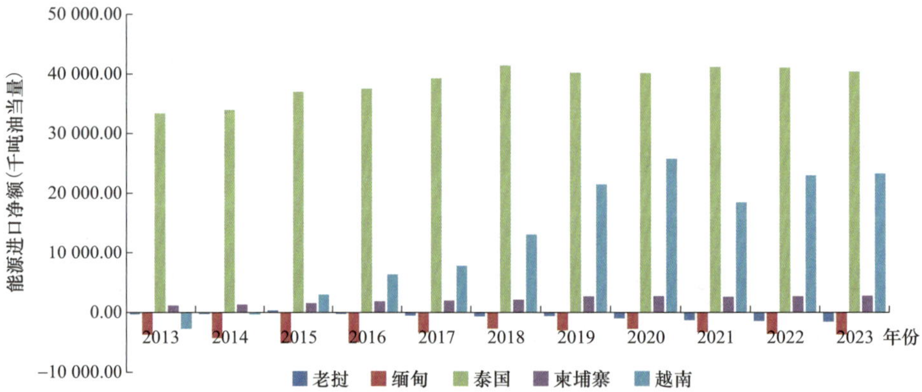

图 2-15　2013—2023 年澜湄五国能源进口净额（千吨油当量）

数据来源：国际能源署（IEA）、能源研究所（EI）

能源进口净额占终端能源消费比重这一指标，可以反映了一个国家或地区对外部能源的依赖程度。2023 年，泰国、柬埔寨、越南能源进口净额占终端能源消费比重分别为 42.47%、33.93%、32.64%，对外部能源依赖程度均属于较高水平；老挝、缅甸能源进口净额占终端能源消费比重分别为－45.31% 和－21.28%。2013—2023 年澜湄五国能源进口净额占终端能源消费比重如图 2-16 所示。

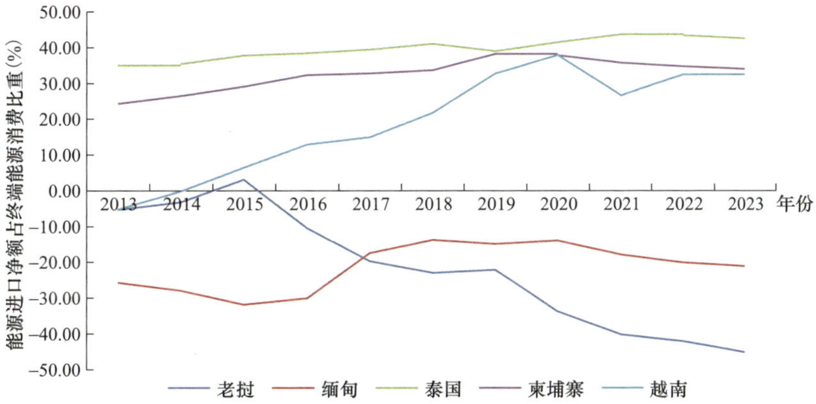

图 2-16　2013—2023 年澜湄五国能源进口净额占终端能源消费比重

数据来源：国际能源署（IEA）、能源研究所（EI）

2.4　能源强度

能源强度是一个衡量经济体能源综合利用效率的指标，通常用来比较不同经济体经济发展对能源的依赖程度。可以粗略地通过终端能源消费量除以可比价 GDP 总量来进行估算，代表产生单位 GDP 所需消耗的能源，反映了经济对能源的依赖程度，受经济结构、技术水平、能源结构等多种因素的影响。**能源强度较高则意味着单位 GDP 的产出需要消耗更多的能源，这通常意味着该地区在经济发展中对能源利用不够高效，对环境的负担较大**。这种情况下，可能需要通过改进技术、提高能源利用效率等方式来降低能源强度，提高能源效率意味着降低生产特定产品或提供某项服务所需的能源量，而结构性改变意味着推动产业结构向能源强度更低的方向转移。

2023 年澜湄五国整体能源强度为 2.07 吨油当量/万美元（终端能源消费总量/2015 年可比价国内生产总值），同比下降 2.66%，与 2013 年相比下降了 17.61%，近十年呈逐年下降趋势。其中柬埔寨、缅甸能源强度高于澜湄五国平均值，能源效率相对较低，泰国能源强度与平均值接近，老挝、越南能源强度低于平均值，能源效率较高。2013—2023 年澜湄五国能源强度如图 2-17 所示。

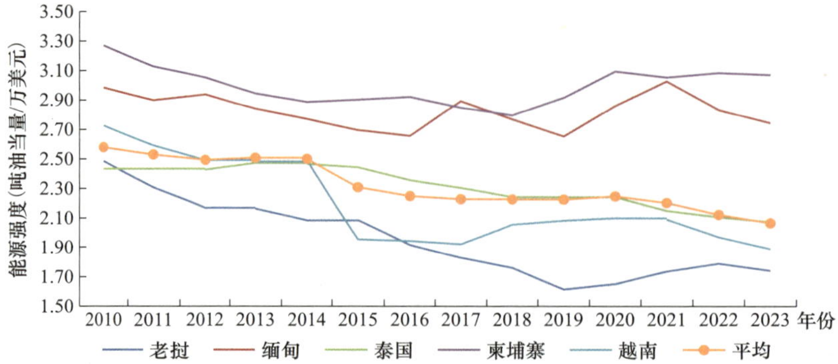

图 2-17　2013—2023 年澜湄五国能源强度（吨油当量/万美元）

数据来源：国际能源署（IEA）、能源研究所（EI）、世界银行

第 3 章

电力发展

创新引领 智力共享

3.1 电力供应

3.1.1 澜湄五国电力供应

电源装机及发电量增长动力强劲。2013—2023 年，澜湄五国在旺盛的电力需求驱动下，电源装机保持快速增长。2023 年澜湄五国电源装机规模为 15 362.9 万 kW，同比增加 4.08%，是 2013 年的 2 倍，近十年年均增长率为 7.09%。2023 年发电总量 5444.9 亿 kWh，同比增加 5.4%，是 2013 年的 1.78 倍，2013—2023 年年均增长率 5.9%，在 2020、2021 年发电量几乎无增长的情况下，2022、2023 年发电量实现强势反弹，整体增长率保持在较高水平。

越南和泰国电源装机及发电规模领先。2013 年以来，越南和泰国电源装机和发电量在澜湄五国中占有较大比重，两国合计电源装机、发电量均长期维持在 80%以上。2023 年，越南和泰国电源装机占比分别达到 51.9%、32.3%，发电量占比分别为 49.1%、35.0%。2013—2023 年澜湄五国电源装机总量和发电总量如图 3-1、图 3-2 所示。

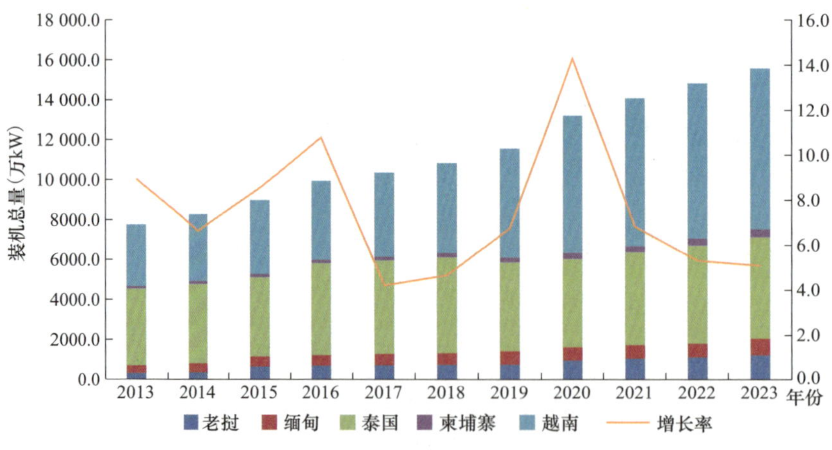

图 3-1　2013—2023 年澜湄五国电源装机（万 kW）

数据来源：老挝国家电力公司（EDL）、缅甸电力部（MOEP）、泰国国家电力局（EGAT）、柬埔寨电力公司（EDC）、越南电力集团（EVN）

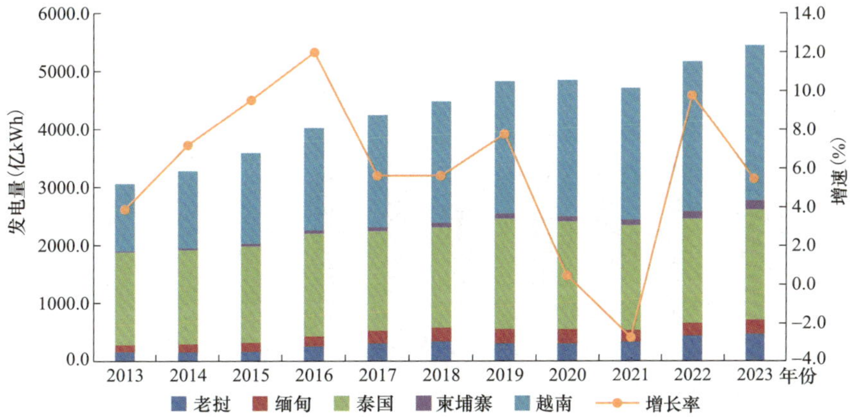

图 3-2 2013—2023 年澜湄五国发电量

数据来源：老挝国家电力公司（EDL）、缅甸电力部（MOEP）、泰国国家电力局（EGAT）、柬埔寨电力公司（EDC）、越南电力集团（EVN）

电力供应向多元化、清洁化发展的同时，基础保障类电源（火电、水电）装机和发电量依然占主导地位。2023 年，澜湄五国非水可再生能源发电[1]装机占比达到 21.53%，火电和水电分别占比分别为 51.09%、26.72%；非水可再生能源的发电占比达到 11.49%；火电、水电发电分别为 62.74%、25.40%。2013—2023 年澜湄五国装机结构、发电结构如图 3-3、图 3-4 所示。

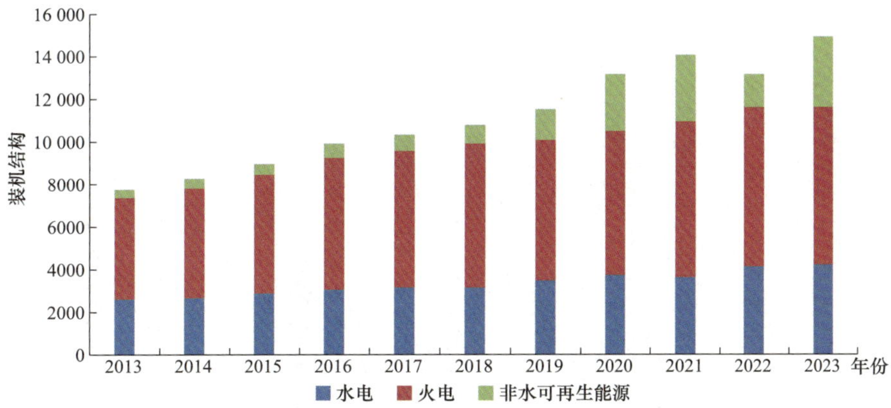

图 3-3 2013—2023 年澜湄五国装机结构（万 kW）

数据来源：老挝国家电力公司（EDL）、缅甸电力部（MOEP）、泰国国家电力局（EGAT）、柬埔寨电力公司（EDC）、越南电力集团（EVN）

[1] 非水可再生能源发电包括太阳能发电、风能发电和生物质能发电，本章下同。

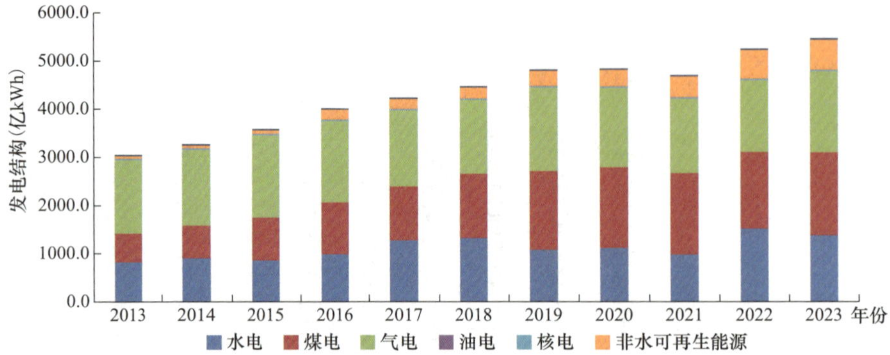

图 3-4　2013—2023 年澜湄五国发电结构（亿 kWh）

数据来源：老挝国家电力公司（EDL）、缅甸电力部（MOEP）、泰国国家电力局（EGAT）、柬埔寨电力公司（EDC）、越南电力集团（EVN）

3.1.2　分国别电力供应

1. 老挝

电源装机和发电量保持较快增长。2023 年老挝电源总装机 1195.6 万 kW，同比增长 8.3%，是 2013 年的 3.9 倍，2013—2023 年年均增长率 14.60%。2023 年发电量 462.6 亿 kWh，同比增长 6.49%，是 2013 年的 3.0 倍，2013—2023 年年均增长率 11.66%。2013—2023 年老挝电源装机及增速、发电量及增速如图 3-5、图 3-6 所示。

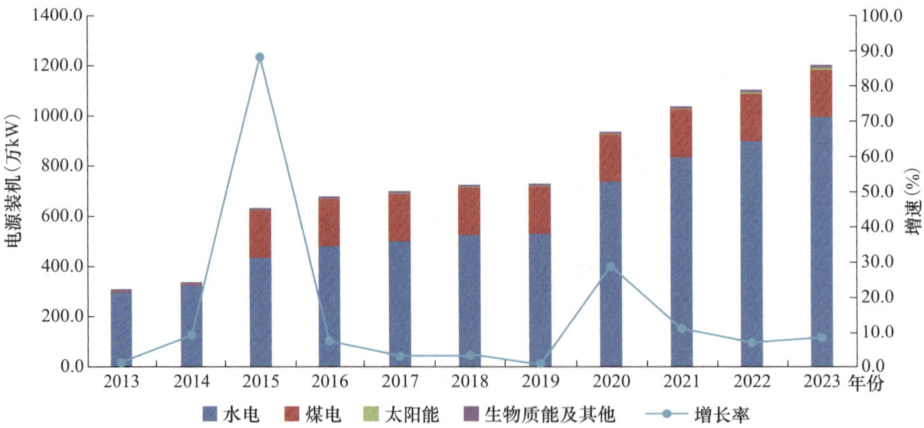

图 3-5　2013—2023 年老挝电源装机及增速（万 kW，%）

数据来源：老挝国家电力公司（EDL）

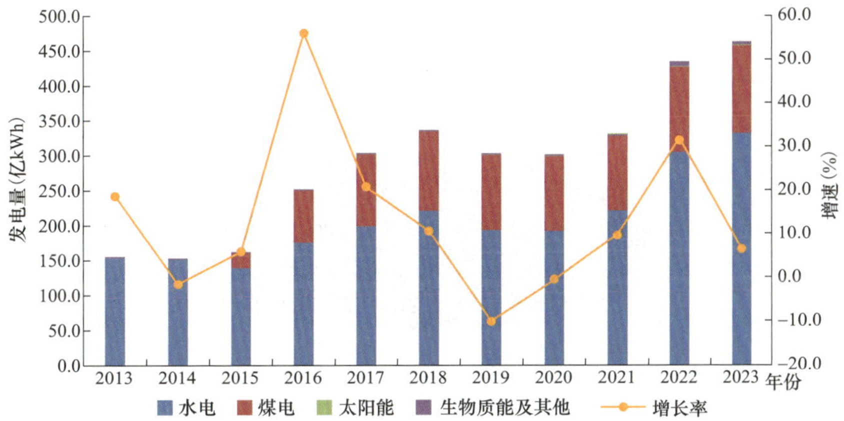

图 3-6　2013—2023 年老挝发电量及增速（亿 kWh，%）

数据来源：老挝国家电力公司（EDL）

电源结构以水电为主，留存国内电源几乎为纯水电系统。2015 年以前，老挝电力装机几乎全部是水电，随着 2015 年 187.5 万 kW 洪沙燃煤电厂投产后，煤电装机和发电比重大幅上升。装机结构方面，2023 年水电装机占比为 82.67%，火电 15.71%，非水可再生能源仅 1.62%。发电结构方面，2023 年水电发电占比为 71.68%，火电 27.13%，非水可再生能源仅 1.19%。2023 年老挝电源装机结构、发电结构如图 3-7、图 3-8 所示。

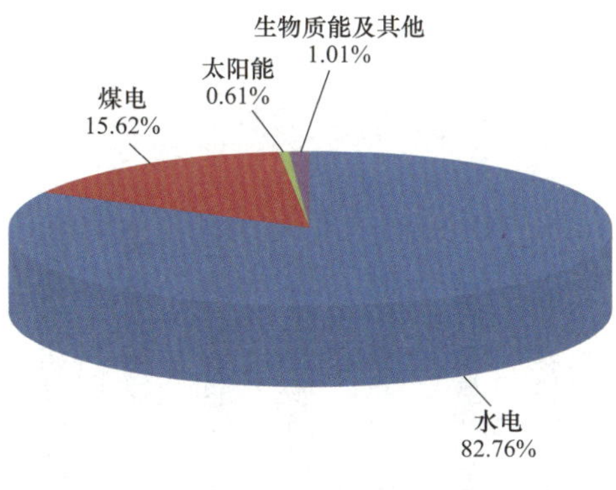

图 3-7　2023 年老挝电源装机结构

数据来源：老挝国家电力公司（EDL）

2. 缅甸

电源装机和发电量在 2023 年快速增长。2023 年缅甸电源装机 835.7 万 kW，

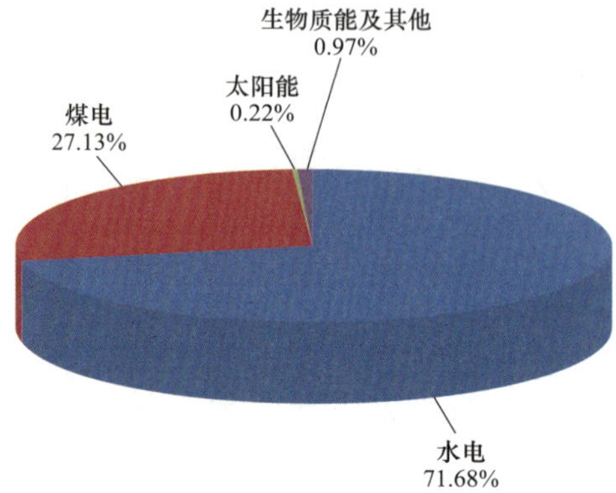

图 3-8　2023 年老挝发电结构

数据来源：老挝国家电力公司（EDL）

同比增长 22.2%，是 2013 年的 2.2 倍，2013—2023 年年均增长率 8.23%。2013—2019 年，缅甸电源装机和发电量保持快速增长，年均增长率 12.9%，2020—2022 年，受国内政治局势陷入混乱影响，以及国内基础设施受损、国际能源价格上涨等多重因素，电力基础设施建设推进缓慢，电源装机基本无变化，同时发电量减少，2023 年由于皎漂燃气联合循环电站投产，电源装机和发电量呈现较为明显增长。2013—2023 年缅甸电源装机及增速、发电量及增速如图 3-9、图 3-10 所示。

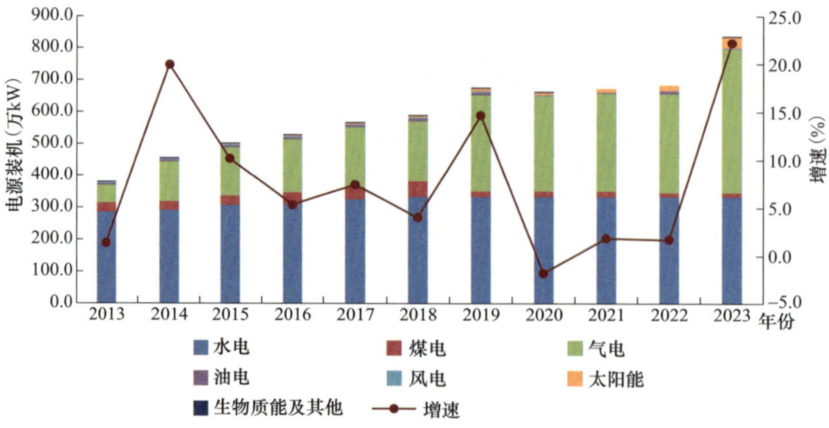

图 3-9　2013—2023 年缅甸电源装机及增速（万 kW，%）

数据来源：缅甸电力部（MOEP）

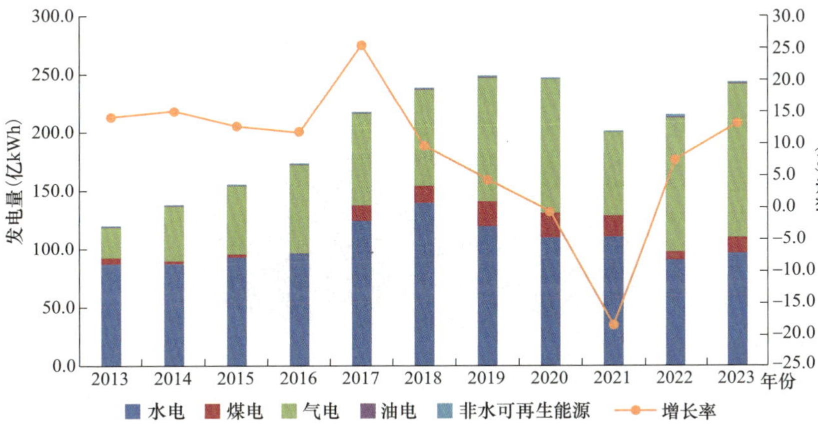

图 3-10 2013—2023 年缅甸发电量及增速（亿 kWh，%）

数据来源：缅甸电力部（MOEP）

电力供应以水电和气电为主。装机结构方面，2023 年水电和气电装机比重分别为 39.86%、54.19%，非水可再生能源占比约 4.30%。发电结构方面，2023 年水电、气电发电比重分别为 39.61%、53.98%，非水可再生能源 0.41%。2023 年缅甸电源装机结构、发电结构如图 3-11、图 3-12 所示。

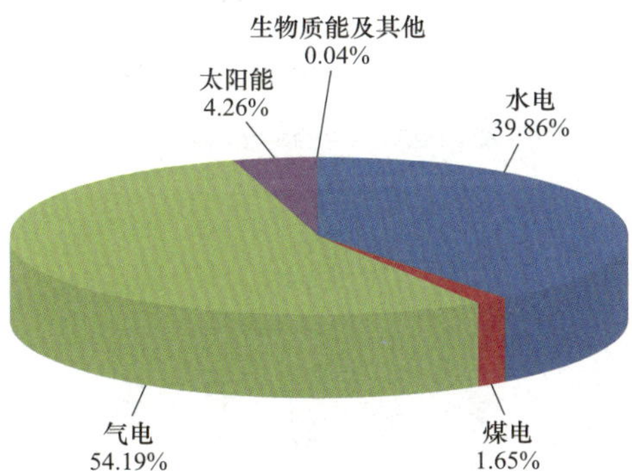

图 3-11 2023 年缅甸电源装机结构

数据来源：缅甸电力部（MOEP）

3. 泰国

电源装机和发电量近年平稳增长，增速低于于澜湄区域其他国家。2023 年泰国电源装机 4960.4 万 kW，同比增长 1.03%，是 2013 年的 1.19 倍，2013—2023 年年均增长率 2.59%；2023 年发电量 1904.9 亿 kWh，同比增长 5.61%，是 2013 年的 1.19 倍，2013—2023 年年均增长率 1.71%。2013—2023 年泰国电源装机及增速、发电量及增速如图 3-13、图 3-14 所示。

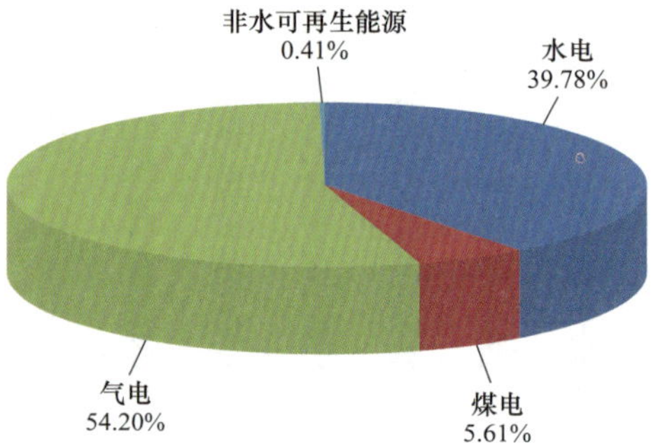

图 3-12　2023 年缅甸电源发电结构

数据来源：缅甸电力部（MOEP）

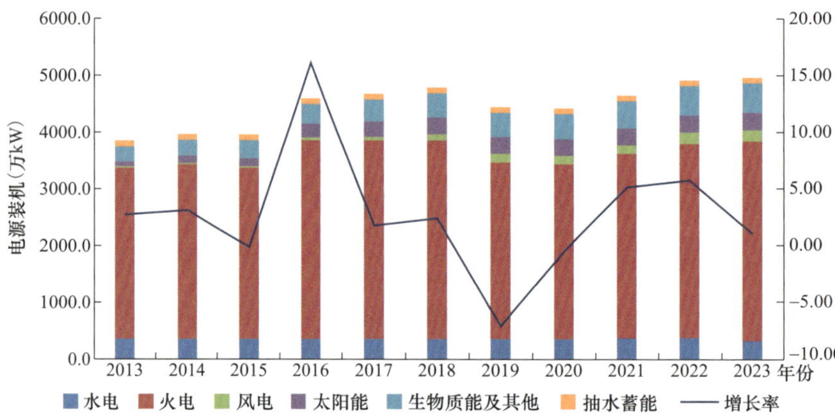

图 3-13　2013—2023 年泰国电源装机及增速（万 kW，%）

数据来源：泰国国家电力局（EGAT）

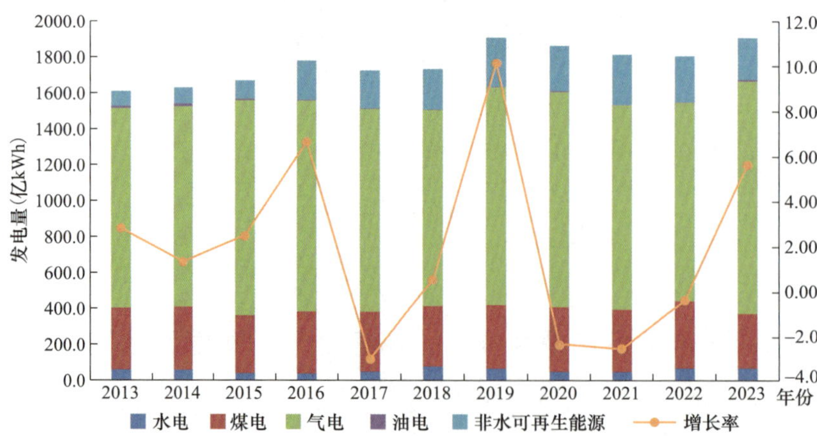

图 3-14　2013—2023 年泰国发电量及增速（亿 kWh，%）

数据来源：泰国国家电力局（EGAT）

电力供应形成以气电为主，煤电为辅，多种电源补充的格局。装机结构方面，2023 年火电和水电装机比重分别为 70.98%和 6.41%，气电在火电份额中占比较大；非水可再生能源类型多，包含风电、太阳能、生物质能及其他，总计占比 20.59%。发电结构方面，2023 年水电发电比重为 3.46%，火电 84.37%，非水可再生能源 12.17%。2023 年泰国电源装机结构、发电结构如图 3-15、图 3-16 所示。

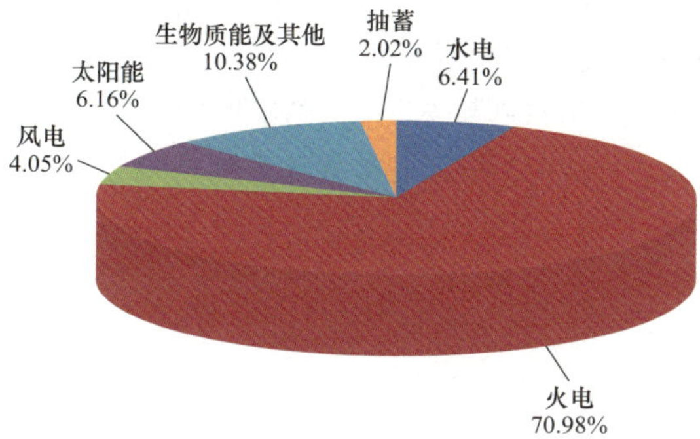

图 3-15　2023 年泰国电源装机结构

数据来源：泰国国家电力局（EGAT）

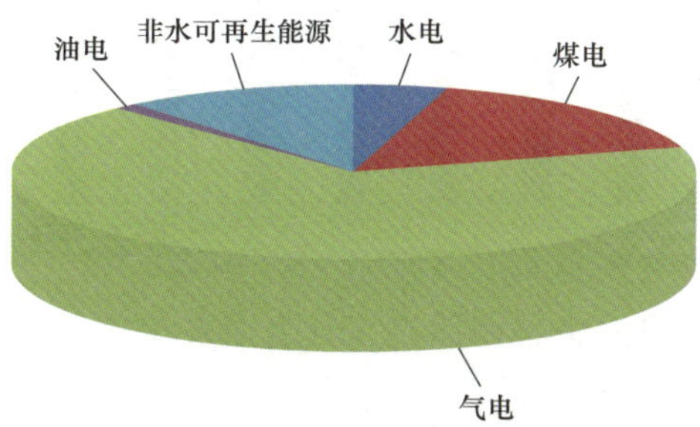

图 3-16　2023 年泰国发电结构

数据来源：泰国国家电力局（EGAT）

4. 柬埔寨

电源装机和发电量持续高速增长。2023 年柬埔寨电源装机 397.7 万 kW，同比增长 14.81%，是 2013 年的 3.4 倍，2013—2023 年年均增长率 13.16%。2023 年发电量 158 亿 kWh，同比增长 53.24%，是 2013 年的 9.2 倍，2013—2023 年年均增长率 24.83%。2013—2023 年柬埔寨电源装机及增速、发电量及增速如图 3-17、图 3-18 所示。

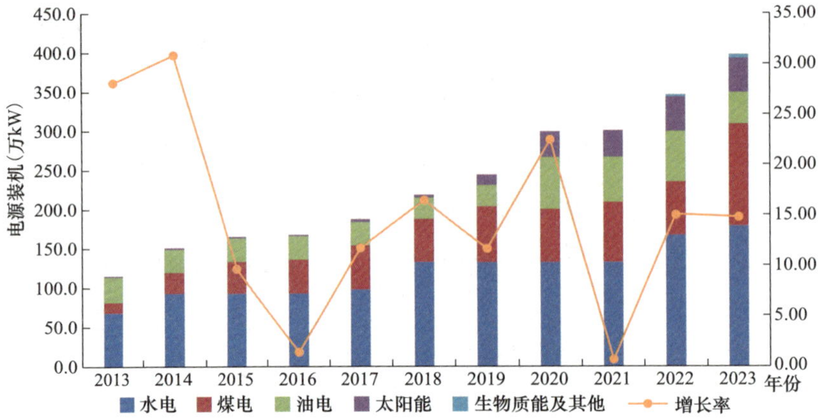

图 3-17　2013—2023 年柬埔寨电源装机及增速（万 kW，%）

数据来源：柬埔寨电力公司（EDC）

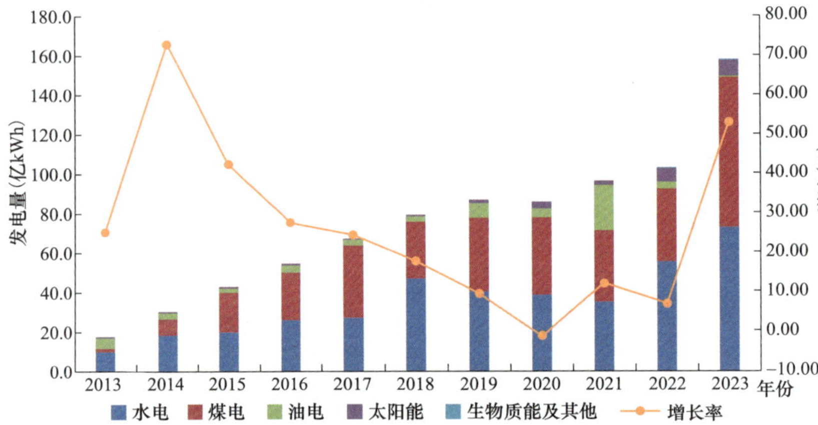

图 3-18　2013—2023 年柬埔寨发电量及增速（亿 kWh，%）

数据来源：柬埔寨电力公司（EDC）

电力供应以水电、煤电和油电为主，可再生能源方面太阳能占比快速增长。装机结构方面，2023 年水电和火电装机比重分别为 45.03%和 42.75%，非水可再生能源装机 12.22%。发电结构方面，2023 年水电发电比重为 46.12%，火电 48.40%，非水可再生能源 5.48%。2023 年柬埔寨电源装机结构、发电结构如图 3-19、图 3-20 所示。

5．越南

电源装机规模持续攀升但增速降低，近三年新能源装机增长较快。2023 年越南电力装机规模为 7973.5 万 kW，同比增长 3.33%，是 2013 年的 2.6 倍，

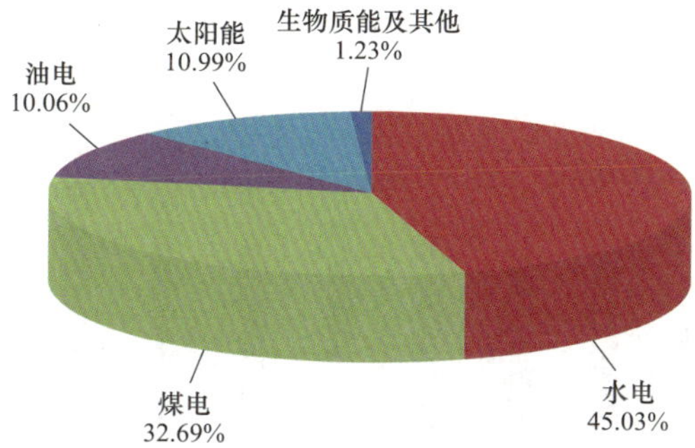

图 3-19　2023 年柬埔寨电源装机结构

数据来源：柬埔寨电力公司（EDC）

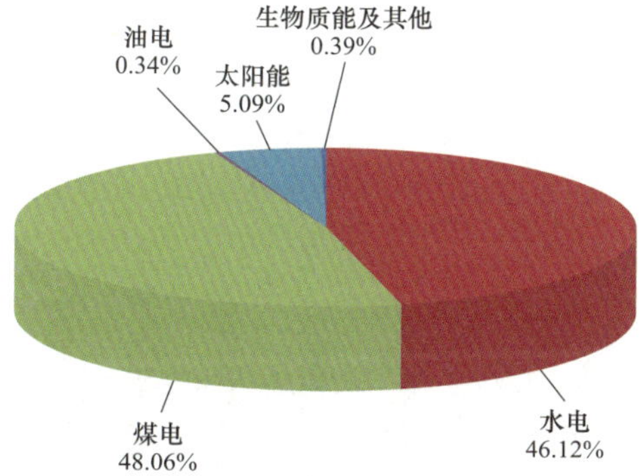

图 3-20　2023 年柬埔寨发电结构

数据来源：柬埔寨电力公司（EDC）

2013—2023 年年均增长率 9.90%；2020 年起受需求疲软影响，发电量增长有所放缓，2021 年出现十年内首次负增长，2022 年受经济复苏和产业发展的推动，发电量大幅度增长，2023 年发电量增速放缓，为 2675.8 亿 kWh，同比增长 3.40%，是 2013 年的 2.3 倍，2013—2023 年年均增长率 8.72%。2013—2023 年越南电源装机及增速、发电量及增速如图 3-21、图 3-22 所示。

电力供应近年以光伏发电为主的新能源占比增长较多，整体形成较为平衡的多元装机结构。装机结构方面，2023 年水电和火电装机比重分别为 28.69%和 43.94%，非水可再生能源 27.38%，太阳能发电占非水可再生能源较大比重。发电结构方面，2023 年水电发电比重为 30.50%，火电 55.16%，非水可再生能源 14.34%。2023 年越南装机结构、发电机构如图 3-23、图 3-24 所示。

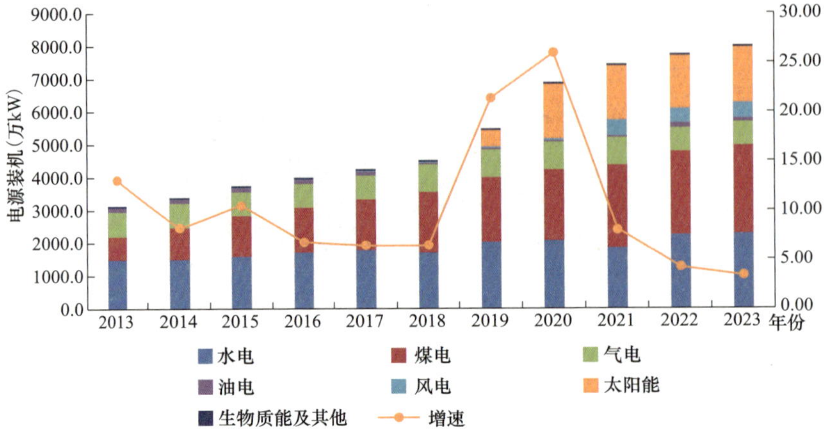

图 3-21　2013—2023 年越南电源装机及增速（万 kW，%）

数据来源：越南电力集团（EVN）

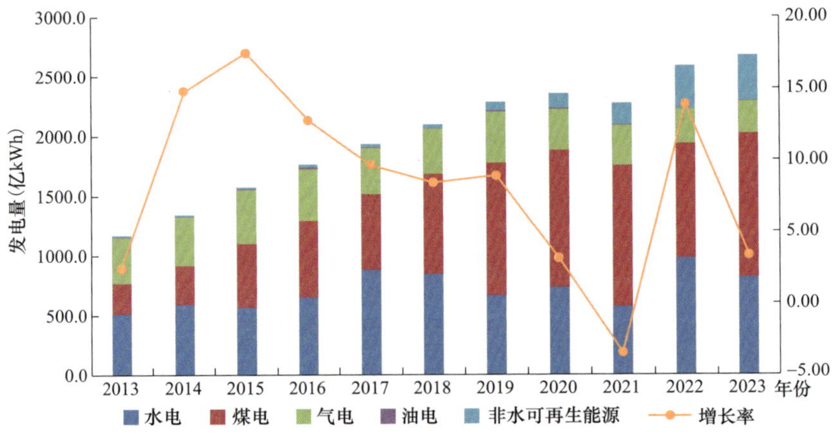

图 3-22　2013—2023 年越南发电量及增速（亿 kWh，%）

数据来源：越南电力集团（EVN）

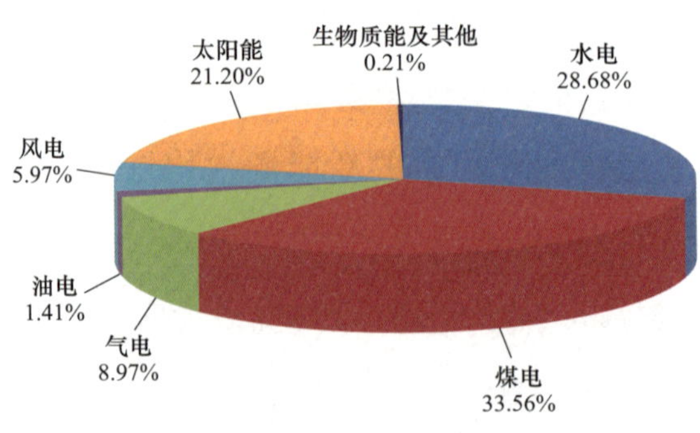

图 3-23　2023 年越南电源装机结构

数据来源：越南电力集团（EVN）

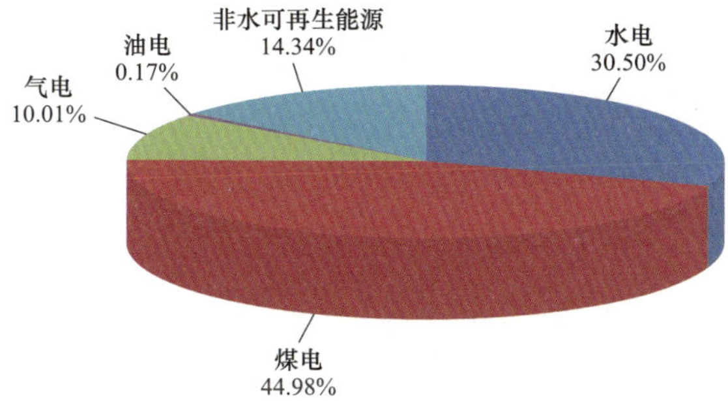

图 3-24　2023 年越南发电结构

数据来源：越南电力集团（EVN）

3.2　电力需求

澜湄五国整体电力需求持续攀升，2023 年，澜湄五国总用电量 5046.7 亿 kWh，同比增长 4.0%，是 2013 年的 1.66 倍，2013—2023 年年均增长率 5.18%。

泰国和越南用电量占澜湄五国总和的九成以上，**越南用电量占比保持逐年上升趋势，在 2022 年首次超过 50%**。2023 年越南和泰国用电量分别占五国比重的 50.24%、40.41%，老挝、缅甸和柬埔寨三国分别为 2.31%、3.73%、3.32%。2013—2023 年澜湄五国用电量及增速如图 3-25 所示。

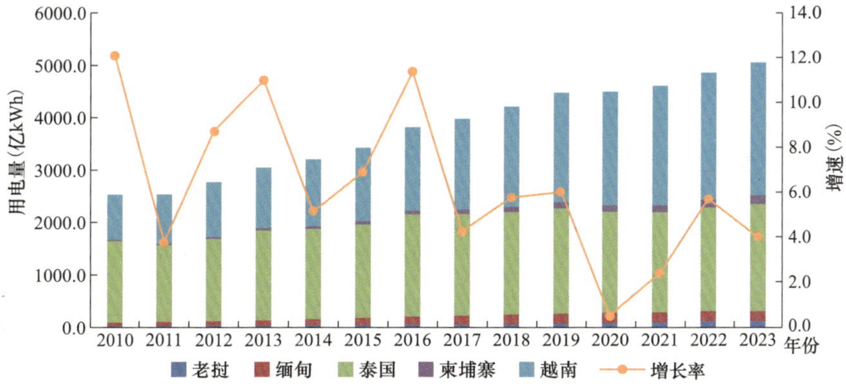

图 3-25　2013—2023 年澜湄五国用电量及增速（亿 kWh，%）

数据来源：老挝国家电力公司（EDL）、缅甸电力部（MOEP）、泰国国家电力局（EGAT）、柬埔寨电力公司（EDC）、越南电力集团（EVN）

用电负荷方面，澜湄五国最大负荷保持持续增长态势。2023 年，澜湄五国最大负荷总量达 8789.6 万 kW（不考虑同时率，下同），同比增长 3.5%，是 2013 年的 1.75 倍，2013—2023 年年均增长率 5.74%。2023 年越南最大负荷占比为 53.93%，泰国占 37.43%，老挝、缅甸和柬埔寨三国合计占 8.64%。2013—2023 年澜湄五国最大负荷及增速如图 3-26 所示。

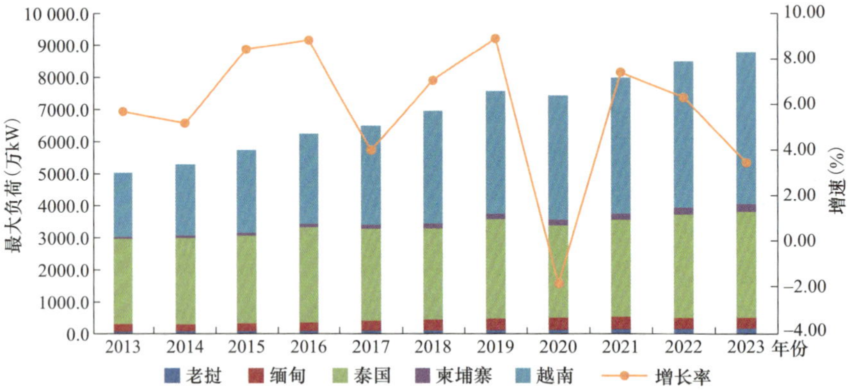

图 3-26　2013—2023 年澜湄五国最大负荷及增速（万 kW，%）

数据来源：老挝国家电力公司（EDL）、缅甸电力部（MOEP）、泰国国家电力局（EGAT）、柬埔寨电力公司（EDC）、越南电力集团（EVN）

3.3　电力互联互通

3.3.1　互联互通规模

截至 2023 年底，澜湄五国之间 110kV 及以上联网线路 40 回。500kV 线路 8 回，均为老挝电源“点对网”送泰国跨境线路；230/220kV 线路 18 回，其中 11 回为电源“点对网”跨境线路；132/115/110kV 线路 14 回，均为“网对网”互联线路，现有互联模式难以较好发挥各国电力系统调节优势、电力互济能力。澜湄五国 110kV 及以上跨国电力联网情况（回）见表 3-1。

表 3-1 澜湄五国 110kV 及以上跨国电力联网情况（回）

联网国家	500kV	230/220kV	132/115/110kV	合计
老泰	8	6	10	24
老缅	0	0	1	1
老越	0	8	0	8
柬越	0	2	0	2
柬泰	0	0	1	1
老柬	0	2	2	4
合计	8	18	14	40

数据来源：根据各国电力主管部门、电力公司数据整理。

澜湄五国与周边国家的联网主要包括与中国和马来西亚之间的互联，澜湄五国与周边国家 110kV 及以上联网线路共计 19 回，其中与中国联网线路 15 回，与马来西亚联网线路 4 回，其中 220kV 及以上联网均为“点对网”互联线路。澜湄五国与周边国家 110kV 及以上跨国电力联网情况（回）见表 3-2。

表 3-2 澜湄五国与周边国家 110kV 及以上跨国电力联网情况（回）

联网国家	500kV	±300kV	230/220kV	132/115/110kV	合计
中越	0	0	3	4	7
中老	0	0	0	1	1
中缅	1	0	2	4	7
泰马	0	2	0	2	4
合计	1	2	5	11	19

数据来源：根据各国电力主管部门、电力公司数据整理。

3.3.2 电力贸易情况

澜湄区域电力贸易与互联互通模式强相关，老泰双边电力贸易占区域各国之间电力贸易总和的较大比重。2023 年澜湄国家电力贸易总量为 448.16 亿 kWh，其中老泰电力贸易占区域比重的 75.64%。老挝是澜湄五国主要的电力出口国，其出口电量占区域电力贸易的 84.17%；泰国是澜湄五国主要的电力进口国，其进口电量占区域的 71.99%。其中柬埔寨、泰国、缅甸和越南电力净进口占本国用电量的比重分别达到了 20.31%、14.81%、4.70%和 1.32%，可见柬埔寨、泰国电力对外依赖性较高。中国与澜湄五国 2023 年电力贸易数据（亿 kWh）见表 3-3。

表 3-3　　中国与澜湄五国 2023 年电力贸易数据（亿 kWh）

进口方	出口方						
	中国	老挝	缅甸	泰国	柬埔寨	越南	合计
中国	—	0.15	12.07	—	—	—	12.22
老挝	1.05	—	0.00	16.34	—	—	17.39
缅甸	17.28	0.95	—	2.68	—	—	20.91
泰国	—	322.65	—	—	—	—	322.65
柬埔寨	—	24.99	—	1.64	—	7.39	34.02
越南	12.50	28.47	—	—	—	—	40.97
合计	30.83	377.21	12.07	20.66	—	7.39	448.16

数据来源：中国南方电网公司、老挝国家电力公司（EDL）、泰国海关、柬埔寨电力公司（EDC）、越南电力集团（EVN）、缅甸电力部（MOEP）。

3.4　主要电力指标

3.4.1　用电人口率

用电人口率是一个衡量指标，用来表示在特定地区或国家中，能够获得电力供应的人口占总人口的比例，这个比率是评估一个国家电力基础设施普及程度和电力服务覆盖范围的重要参数。用电人口率与一个地区的经济发展水平通常呈正相关，用来衡量居民生活质量和社会福利同时还可以揭示城乡之间的电力服务差距。用电人口率之一指标在电力行业、城市规划、环境政策和经济发展等多个领域都有重要的应用。

澜湄地区不同国家之间用电人口率有较大差距，2023 年老挝、泰国、越南用电人口率已达到 100%，电力基础设施覆盖和普及程度较高，柬埔寨、缅甸用电人口率分别为 94.5%和 74.5%。2013—2023 年澜湄五国用电人口率变化趋势如图 3-27 所示。

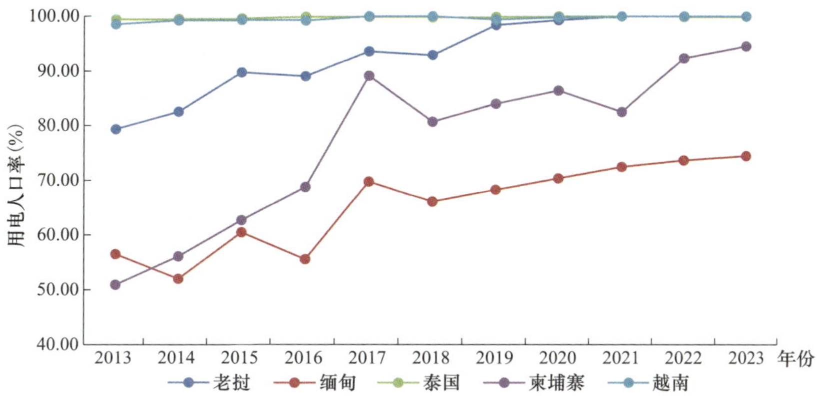

图 3-27　2013—2023 年澜湄五国用电人口率变化趋势

数据来源：世界银行

3.4.2　人均用电量

人均用电量是指在一定时间内，一个国家或地区内每个人平均消耗的电能量。这个指标通常用来衡量一个地区的电力消费水平和经济发展状况，同时，工业生产过程中对电力的需求也会随着生产规模的扩大而增加，从而影响人均用电量。

澜湄五国 2023 年整体人均用电量为 2020.17kWh/人，同比增长 3.39%，相比 2013 年增长了 53.95%。其中泰国、越南人均用电量在区域平均水平之上，分别为 2840.06、2564.58kWh/人；老挝、缅甸、柬埔寨人均用电量低于区域平均水平，分别为 1528.73、344.46、988.56kWh/人。2013—2023 年澜湄五国人均用电量变化趋势如图 3-28 所示。

3.4.3　单位国内生产总值用电量

单位国内生产总值用电量，通常被称为单位 GDP 电耗，是衡量一个国家

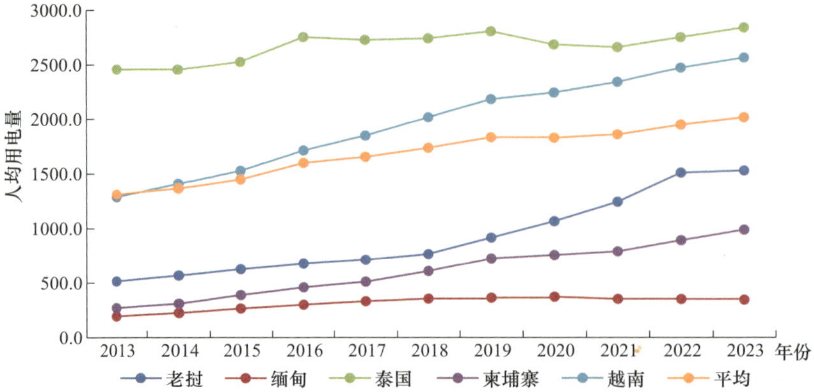

图 3-28　2013—2023 年澜湄五国人均用电量（kWh/人）

数据来源：世界银行、老挝国家电力公司（EDL）、缅甸电力部（MOEP）、泰国国家电力局（EGAT）、柬埔寨电力公司（EDC）、越南电力集团（EVN）

或地区在一定时期内每生产一个单位的国内生产总值所消费的电量的指标，这个指标可以反映出经济发展对电力的依赖程度，同时也能间接反映产业结构、设备技术装备水平、能源消费构成和利用效率等多方面内容。

2023 年老挝、缅甸、泰国、柬埔寨、越南单位国内生产总值用电量分别为 0.57、0.29、0.44、0.64 和 0.67kWh/美元（2015 年可比价）。2013—2023 年澜湄五国单位国内生产总值用电量如图 3-29 所示。

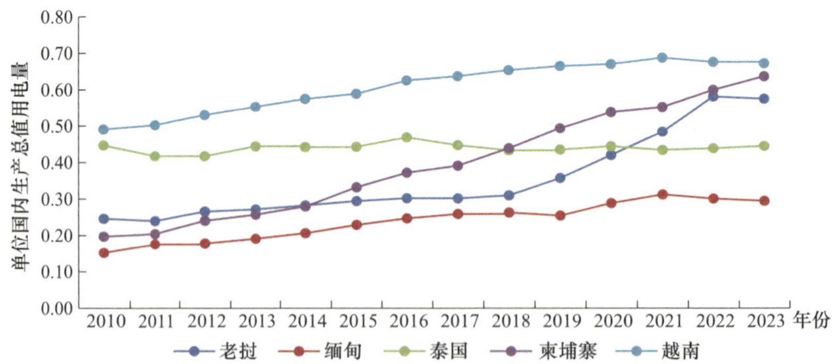

图 3-29　2013—2023 年澜湄五国单位国内生产总值用电量（kWh/美元）

数据来源：世界银行、老挝国家电力公司（EDL）、缅甸电力部（MOEP）、泰国国家电力局（EGAT）、柬埔寨电力公司（EDC）、越南电力集团（EVN）

第 4 章

澜湄区域发展融合专题分析

创新引领

智力共享

4.1 湄公河区域国际合作战略专题

中国和湄公河国家的战略合作在新时代取得了显著进展，但也面临诸多机遇与挑战。以下将中国与澜湄五国共同成立的澜湄合作机制，与湄公河—美国伙伴关系、日美湄公河电力合作伙伴关系简要介绍。

4.1.1 澜湄合作机制介绍

澜沧江—湄公河合作（简称“澜湄合作”）是中国与柬埔寨、老挝、缅甸、泰国、越南共同发起和建设的新型次区域合作机制，旨在深化澜湄六国睦邻友好和务实合作，促进沿岸各国经济社会发展，打造澜湄流域经济发展带，建设澜湄国家命运共同体，助力东盟共同体建设和地区一体化进程，为推进南南合作和落实联合国 2030 年可持续发展议程作出贡献，共同维护和促进地区持续和平和发展繁荣。

澜湄合作机制自启动以来，已经取得了一系列成果，包括经济复苏、未来合作等方面的合作。中国与湄公河国家的经济持续快速发展，为双方提供了巨大的合作潜力。2023 年 12 月 25 日，在澜沧江—湄公河合作第四次领导人会议上，六国共同总结了《澜湄合作五年行动计划（2018—2022）》的落实成效，并进一步签订了《澜湄合作第四次领导人会议内比都宣言》《澜湄合作五年行动计划（2023—2027）》和《澜湄地区创新走廊建设共同倡议》。

1. 内比都宣言

澜沧江—湄公河合作第四次领导人会议内比都宣言的题目是“推进澜湄国家命运共同体建设，携手迈向现代化”，主要包括以下内容：

政治互信方面，六国要增进互信，对接国家发展战略，深化务实合作，共同应对挑战，携手促进澜湄地区的和平、稳定与可持续发展，朝着构建更紧密的面向和平与繁荣的澜湄国家命运共同体作出更大努力。

经济发展方面，六国一致同意将以人民为中心推进澜湄流域经济发展带建设，抓住新一轮科技革命和产业变革的机遇，促进经济复苏和区域繁荣振兴。六国将深化各领域密切合作，携手促进经济可持续增长，加快落实 2030 年可持续发展议程。

跨境贸易方面，六国同意有效落实《中国—东盟自由贸易协定》，推动《区域全面经济伙伴关系协定》高质量实施，进一步提升区域贸易和投资便利化水平，降低非关税贸易壁垒，支持东盟共同体后 2025 愿景。促进中小微企业对自贸协定的认知和应用，增强规则和规定互用性，完善有利于商业的生态系统，不断提升区域经济一体化水平。

推进基础设施“硬联通”方面，六国就《澜湄国家产能合作三年行动计划（2024—2026）》达成一致，同意进一步挖掘潜力，推动澜湄产能合作高质量发展；支持六国互联互通主管部门加快制定《澜湄国家互联互通合作规划》，推动更多重点项目落地实施，打造澜湄六国更紧密伙伴关系；同意加强新能源政策交流和新能源领域合作，包括电动汽车、光伏、节能增效、低碳、可持续发展等。

推进合作机制“软联通”方面，六国一致重申将继续推动澜湄合作与东盟、大湄公河次区域经济合作、三河流域机制、湄公河委员会等区域、次区域合作机制深入对接和协调发展，欢迎联合国开发计划署、世界银行、亚洲开发银行、亚洲基础设施投资银行等国际组织和机构积极参与澜湄合作，共同推进区域经济一体化进程。

2.《澜沧江—湄公河合作五年行动计划（2023—2027）》

《澜沧江—湄公河合作五年行动计划（2023—2027）》（简称《计划》）与中方提出的“一带一路”倡议、全球发展倡议、全球安全倡议、全球文明倡议互补互促，并与《东盟共同体愿景 2025》及其后续文件、《东盟互联互通总体规划 2025》（MPAC）及其后续文件和《东盟一体化倡议（IAI）工作计划 2021—2025》、《东盟全面复苏框架》（ACRF）以及其他湄公河次区域合作机制战略、愿景等相辅相成，这些倡议与合作有利于促进澜湄地区和平、繁荣、发展。计划还旨在落实中国—东盟对话关系下的重要共识，包括中国—东盟建立对话关系 30 周年纪念峰会重要共识，深化次区域发展合作，携手应对共同挑战，努力促进各国经济复苏和澜湄区域繁荣振兴，助力东盟共同体建设和区域一体化进程，缩小发展差距，促进落实联合国 2030 年可持续发展议程，将澜湄合作打造成合作共赢的次区域合作样板。

《计划》从政治安全事务、经济与可持续发展、社会人文合作等三个方面提出了务实合作计划，并提出监管、资金、技术等多方面支撑体系。聚焦能源合作方面，《计划》提出六点合作方向。

一是加强能源政策交流，推进能源安全合作，促进能源多样化，提高能源利用效率，开展能源基础设施项目的环境、社会影响包括跨界影响的评估，研究能源转型路径，不断提高可再生能源装机比例，发展储能技术，推动向更节能、低碳、可持续的发展转型；二是推动能源务实合作，共同研发先进能源技术和管理经验，拓展能力建设及培训合作，鼓励技术合作，包括技术转让，探讨调动金融资源促进有效能源转型的可行性；三是推动经济向绿色增长稳步转型，包括储能、电动汽车及零部件、绿色发展投资等领域；四是加强可再生能源并网传输和电网现代化。支持电网基础设施发展，鼓励澜湄国家在可用性基础上实现信息共享；五是加强各国电力规划沟通，共同促进区域电网建设、改造和重建，推动电力互联互通和电力贸易，向建立区域统一电力市场发展；六是鼓励光伏产能技术和人才合作，共同促进光伏产业发展和绿色能源利用。

3. 澜湄地区创新走廊建设共同倡议

澜湄六国在会议上基于互利、共赢、平等、包容、开放、共享原则下，并在尊重《联合国宪章》《东盟宪章》、相关国际法与国内法律、规章及制度的前提下，提出了十点合作倡议：

（一）进一步发挥科技创新在澜湄区域合作各项议题中的作用，加强澜湄各国科技创新政策交流与对接，重点围绕科技人文交流、联合研究项目与平台、科技减贫、产业创新、卫生健康、数字信息技术、绿色技术、技术转移、创新创业等方面进行深入合作。

（二）加强科技创新人才交流互动。通过多种交流计划和合作研究鼓励人才流动，扩大科技人文交流规模，加强学者访问与联合研究，重视青年科技人才的培养和能力建设。

（三）重视科技创新在减贫合作中的作用。分享各国在科技减贫中的成功实践和经验，促进先进适用技术的合作开发与应用推广，支撑澜湄各国对减贫与民生改善的需求。

（四）提升科技创新对于产业发展的支撑作用。探索建立区域研发中心网络，支持澜湄国家经济与产业区域发展。

（五）支持卫生健康领域的科技合作。分享应对新冠疫情的合作经验，在疫苗研发、流行病学、数字增强医疗技术、包容性健康技术等领域深化科技合作，共筑区域健康安全屏障。

（六）深化数字领域科技创新合作。通过开展联合研究、技术示范、国际培训等多种形式，共享经验与最佳实践，拓展澜湄各国在新兴信息技术的创新合作，为各国数字经济发展提供驱动力。

（七）提升绿色技术合作水平。在可持续水资源、清洁能源、生态环保等领域加大合作力度，加快构建区域低碳绿色产业链，打造环境友好和创新驱动的经济增长模式。

（八）促进创新创业的国际合作。举办多种形式的培训、竞赛、技术转移、技术对接、初创企业推广、高技术园区合作、路演等活动，加强澜湄各国创新创业资源、学术界与初创企业的交流互动，探索新型孵化服务模式，形成更具活力的区域创新创业生态。

（九）探索建立澜湄地区创新走廊会晤机制。根据需要举行会议，就创新走廊建设政策协调、新兴技术趋势、合作平台与项目等优先议题进行商讨。鼓励高校、科研机构、企业等各类主体参与，建立多样的合作机制与平台。

（十）澜湄地区创新走廊建设的牵头机构为柬埔寨王国工业和科技创新部，中华人民共和国科学技术部，老挝人民民主共和国技术与通讯部，缅甸联邦共和国科技部，泰王国高等教育、科研与创新部，越南社会主义共和国科技部。

4.1.2 湄公河—美国伙伴关系介绍

湄公河—美国伙伴关系（Mekong—U.S. Partnership，MUSP）是美国在东南亚地区的重要战略举措之一，旨在通过多边合作和援助提升该地区的经济、环境和社会发展水平。自 2017 年启动以来，这一伙伴关系经历了多次升级和扩展，成为美国“自由开放的印太”愿景的重要组成部分。湄公河—美国伙伴关系的成立是为了应对跨境水资源管理、经济连通性、人居环境发展以及非传统安全等挑战。它强调与东盟及其成员国的合作，并致力于支持这些国家或地区实现可持续发展和区域稳定。该伙伴关系还特别关注水资源管理和环境保护，以应对气候变化带来的影响。

MUSP 主要合作领域包括以下几个方面：

（1）水资源管理：湄公河委员会是美国在水资源领域重点合作的地区组织，双方在数据共享、水文信息收集和水资源管理方面进行了深入合作。例如，美国投资 180 万美元支持湄公河委员会加强水数据收集，并推动了多项基于卫星的地球监测项目。

（2）经济发展：美国通过提供技术和资金援助，帮助湄公河国家推进基础设施建设、清洁能源开发和农业现代化。例如，日美湄公河电力合作伙伴关系帮助越南整合太阳能发电，并在泰国建立可再生能源预测中心。

（3）公共卫生与教育：美国在新冠疫情期间向湄公河地区提供了超过 5200 万美元的援助，用于抗击新冠疫情并支持当地的公共卫生系统。此外，美国还支持湄公河国家在教育和人力资源开发方面的项目。

（4）打击跨国犯罪：美国与湄公河国家合作打击毒品走私、人口贩卖和其他跨国犯罪活动，以维护该地区的安全和稳定。

自 2017 年以来，湄公河—美国伙伴关系经历了显著的升级和扩展，具体措施包括以下几个方面：

机制升级与合作领域扩展：

2020 年，湄公河下游倡议被正式升级为湄公河—美国伙伴关系，成为美国深化“印太战略”布局的重要组成部分。

经济互联互通与非传统安全合作：经济互联互通与水资源议题成为美湄合作的两大支柱。此外，非传统安全议题如打击毒品走私、人口贩卖和非法野生动物贸易等也受到空前重视。美国宣布额外投入 5500 万美元用于打击跨国犯罪，并在湄公河下游之友的基础上进一步充实和拓展政策实施支撑体系，建立立体式、多层级伙伴关系体系。

多层次机制化合作体系：美湄合作机制欲将部长级会议升格为领导人会议，并强调新机制与湄公河国家自行组建的区域机制及域外国家所主导的区域合作机制间的协调与互补，以构建多层次的机制化合作体系。

特定领域的合作项目：2021 年 8 月，《湄公河—美国伙伴关系行动计划（2021—2023）》出台，确定了双方在经济互联互通等领域的具体合作项目。日美湄公河电力伙伴关系（JUMPP）行动计划旨在助力湄公河流域国家实现清洁能源部署、跨境电力贸易，促进区域电力市场发展。

卫生合作与技术援助：美国加强同湄公河国家的卫生合作，并在技术援助方面提供支持，例如在日美湄公河电力伙伴关系中涵盖的技术援助。

4.1.3　日美湄公河电力合作伙伴关系介绍

日美湄公河电力合作伙伴关系（Japan—U.S.—Mekong Power Partnership，简称 JUMPP）是美国和日本在 2019 年启动的一个重要合作项目，旨在通过促进清洁能源部署、跨境电力贸易以及区域电力市场发展来帮助湄公河流域国家实现能源安全和经济可持续发展。

合作内容：

清洁能源部署：JUMPP 计划通过将可再生能源如太阳能和风能与电动汽车和电能储存系统相结合，提升湄公河流域国家的能源供应能力。

跨境电力贸易：该计划鼓励并支持湄公河流域国家之间的电力交易，以增加区域内的电力流动和能源一体化。

人力资源开发：JUMPP 还注重提升当地的人力资源能力，以确保湄公河流域国家能够自主管理和运营新的电力设施。

基础设施投资：JUMPP加强了基础设施和能源领域的合作，特别是通过提供资金和技术支持来建设必要的输电线路和变电站等设施。

日美湄公河电力合作伙伴关系通过一系列具体措施，包括清洁能源部署、跨境电力贸易、人力资源开发和基础设施投资，显著提升了湄公河流域国家的能源安全和经济可持续发展。

4.2 数字经济发展

中国和东盟（澜湄国家）在数字化发展方面的合作近年来取得了显著进展，双方通过多种机制和倡议推动数字经济的发展，澜湄国家中泰国、越南目前已形成规模较大的数字化产业市场，柬埔寨已形成了相关的规划政策。

4.2.1 中国—东盟数字经济合作基础

东盟各国自2015年以来积极规划和发展数字经济，制定了相应的数字发展战略，为深化中国—东盟数字经济合作提供了宝贵机遇。2020年被定为中国—东盟数字经济合作年，工业和信息化部作为中方牵头单位，与东盟各方共同策划并实施了近20项重点活动。为了进一步深化合作，双方于2020年签署了《中国—东盟关于建立数字经济合作伙伴关系的倡议》，正式建立了数字经济合作伙伴关系。该倡议强调加强数字基础设施建设，包括通信、互联网和卫星导航等领域，推进4G网络普及和5G网络应用。为此，由国家工业信息安全发展研究中心和中国—东盟信息港股份有限公司共同建设的澜湄云计算创新中心于2020年上线，打造了澜湄五国联动的云计算平台，基于新一代云化数据中心，面向企业用户群体，提供多租户虚拟数据中心服务。2022年通过了《落实中国—东盟数字经济合作伙伴关系行动计划（2021—2025）》，持续加强在智慧城市、人工智能、电子商务、大数据、区块链、远程医疗等领域的合作。

4.2.2　泰国数字经济发展

2017 年 1 月，泰国成立数字经济促进局，主要职能是贯彻落实泰国的数字经济和社会发展法案，负责促进和支持数字创新产业发展，推动数字技术的普及。

据世界经济论坛预测，2025 年，数字化转型预计将为全球经济带来 100 万亿美元的惊人增长；淡马锡报告预测泰国数字经济市场规模将从 2021 年的 300 亿美元增至 2025 年的 570 亿美元；泰国投资委员会估计，到 2027 年，数字经济将占泰国外土生产总值（GDP）的 25%。

在数字化浪潮的席卷下，泰国政府正致力于打造“数字经济中心”，以实现数字产业对本国国民经济贡献超 30%、本国在世界数字竞争力排名中位居前 30 位的宏伟目标。泰国政府还计划加大力度推广云计算、人工智能等高科技在国内的应用，为此发布了《国家人工智能战略和行动计划（2022—2027）》，推动数字化转型，并支持更多未来产业落地泰国。近年来中泰积极推动数字经济等新领域合作，并取得积极进展。阿里巴巴集团率先在泰国建立首个数字自由贸易区，这个面积达 4 万 m^2 的 eWTP 中心将加快跨境贸易的发展；华为也与泰国合作，表示将加大海外投资，积极参与 5G 基础设施建设。泰国数字行业正展现巨大投资潜力。

4.2.3　越南数字经济发展

目前越南数字经济总量约为 210 亿美元，约占国内生产总值的 7.5%，已成为推动经济发展和产业转型的重要驱动力，越南被认为是东南亚地区数字经济增速最快的国家之一。越南政府高度重视数字化转型，成立了国家数字化转型委员会，并颁布了多项国家战略和政策来指导其数字化转型进程，包括《至 2030 年越南半导体产业发展战略》《至 2030 年越南电子政务发展战略》。

同时，越南科学与技术部和外事与贸易部共同发布了《越南未来数字经济发展（至 2030 和 2045）》，提出了加大物联网基础设施建设、大数据和人工智能产业、虚拟现实（VR）和增强现实（AR）相关产业、云计算和云服务基础设施等。

4.2.4 柬埔寨数字经济发展

柬埔寨的数字化产业发展规划涵盖了基础设施建设、人才培养、数据治理和国际合作等多个方面，目标是在 2035 年实现数字经济规模占国内生产总值的 5%～10%，从而推动国家的全面数字化转型。

柬埔寨政府在 2021 年发布了《数字经济和数字社会政策框架（2021—2035）》，旨在推动该国的数字化转型，实现经济增长和社会发展。这一政策框架包含 139 项具体措施，并提出了五大发展目标：发展数字基础设施、建立数字系统信心、培养数字公民、建设数字政府以及促进数字商业。为了有效实施这些目标，柬埔寨成立了数字经济和数字社会理事会，以协调各相关部门的工作并监督政策落实。此外，柬埔寨还设立了数字经济总局，负责相关政策的执行和监督。

4.3 产业园区建设发展

4.3.1 中国—中南半岛经济走廊发展情况

自“一带一路”倡议实施后，沿线国家之间的贸易和投资加速推进，基础设施不断改善。其中，中国—中南半岛经济走廊以中国广西南宁和云南昆明为起点，以新加坡为终点，纵贯中南半岛的越南、老挝、柬埔寨、泰国、缅甸、马来西亚等国家，是中国连接中南半岛的大陆桥，也是中国与东盟合作的跨国经济走廊。

4.3.2 澜湄国家产业园区建设情况

随着澜湄五国工业经济发展，也随着澜湄合作机制在推进中国—中南半岛经济走廊建设中的积极作用，各国积极推动产业园区培育力度，其中越南推进力度最大，尤其是在 2022 年 RCEP 生效后，越来越多中国企业与 RCEP 成员国开展产业合作，助力外向型经济提速。澜湄国家产业园区的主要产业涵盖包括农林渔牧、服装纺织、加工制造、能源产业、旅游文创和仓储物流等。

据初步不完全统计：

老挝。目前已有 12 个产业园区，分布主要聚集在首都万象，与邻国接壤的琅南塔省、博胶省和沙湾拿吉省、甘蒙省，以及矿产较为丰富的甘蒙省、沙湾拿吉省。主要产业是加工制造、旅游文创和仓储物流，其中加工制造业主要集中在食品加工和木材加工等领域。未来老挝规划发展高附加值制造业发展高科技产业，如数据中心和人工智能；发展绿色农业，打造生态农业园区；发展矿产开采、加工产业，打造出口核心产业发展绿色能源产业等。

缅甸。目前已有 12 个产业园区，分布主要集中在前首都仰光省和周边省份，以及与中国接壤的克钦邦和掸邦。主要产业是服装纺织、加工制造和仓储物流，其中加工制造以建材和食品加工为主。未来缅甸规划发展能源和化工产业，打造区域天然气供应链枢纽，发展生物科技和制药产业、电子信息技术产业、绿色能源产业等。

泰国。目前已有 23 个产业园区，分布主要集中在首都曼谷及周边、中部沿海地区、与邻国接壤的地方以及南部沿海的宋卡府。主要产业是加工制造和仓储物流，产业聚落初步形成一定的分工格局，产业附加值较高。其中，中部主要包括电子产业、汽车零部件加工；南部为渔业、橡胶产业；东部走廊为电子信息、智能制造、生物医药等先进制造业。未来泰国规划发展港口物流和物流中心，打造区域物流中心，发展电动汽车产业，打造东盟电动汽车中心；建设高质量、低碳、智能化的旅游产业，发展数字化产业，加快 5G 等新技术的应用；发展可再生能源、环保技术和绿色制造等绿色产业等。

柬埔寨。目前已有 12 个产业园区，分布主要集中在首都金边、暹粒省、桔井省、上丁省，以及沿海的西哈努克省。主要产业是纺织服装和加工制造，由于柬埔寨农产品和纺织原材料富足，轻工业、农产品加工产业多。未来柬埔寨规划发展绿色农业和农产品加工业，提高农产品附加值，大力发展电子和信息技术产业，发展数字经济；促进旅游业、纺织业、制药业等传统产业升级转型，加强物流和仓储业发展。

越南。目前已有 101 个工业园区，主要分布在红河三角洲和湄公河三角洲区域，与以河内、胡志明为中心的都市圈形成相辅相成的空间发展格局。产业较为齐全，先进制造业发展最为领先，其中，北部为电脑、电子和光学、机器和设备、塑料制品等；中部为食品加工、金属制品、纸制品和林业产品、塑胶制品等；南部为纺织加工和先进制造业。未来越南规划发展高新技术产业，推动技术创新和研发，加强供应链建设和优化，提高生产效率和质量控制水平；发展智能制造和自动化技术；推进工业物联网和大数据应用，大力发展风电、氢能等清洁能源产业等。

4.3.3 中国与澜湄国家产业合作发展方向

中国与老挝、缅甸、泰国、柬埔寨和越南在未来依托基础设施互联互通和 RCEP 开展产业合作潜力较大。

中老产业合作政策环境方面。老挝的产业结构具有明显的农业主导特征，同时工业和服务业也在逐步发展。主要工业包括发电、锯木、采矿、炼铁、水泥、服装、食品、啤酒和制药等，老挝还拥有丰富的自然资源，如黄金、白银、铜、铝和煤炭等，这些资源为工业发展提供了基础。老挝《投资促进法》对投资方式、投资类型、审批程序、一站式投资服务、投资指导目录、优惠政策、专门经济区开发投资以及中央与地方管理职能划分均有明确的规定，制定了外商投资优惠政策，积极吸引更多的外资进入。另外，老挝总理府还颁布了《老中两国关于鼓励和相互保护投资的协定》等行政规范性文件。**中老产业合作发展形势方面**。主要将会在电力、交通、农业、园区等基础设施领域开展合作。2021 年 10 月，中国发展改革委与老挝计划投资部签署了关于确认并共同推动产能与投资合作第三轮重点项目的协议，涉及 32 个重点合作项目，其中，中老铁路项目、万象—万荣高速公路项目等多个项目已顺利建成并投入运营。中老两国也在《共同推进建设合作规划纲要》中纳入了基础设施、农业、能力建设、产业集聚区、文化旅游、金融、商业与投资等合作领域，并围绕其开展合作并签署了《共同编制老挝电力、中老铁路沿线综合开发、旅游等重点领域经济发展专项规划合作框架协议》。

中缅产业合作政策环境方面。2020 年 1 月 18 日，中缅双方签署并交换了《中华人民共和国国家发展和改革委员会与缅甸联邦共和国计划、财政与工业部关于促进产能与投资合作的谅解备忘录》，引导两国企业在纺织、食品加工、建材、电子、汽车、船舶、机械、化工、冶金、产业园区、高附加值生产等领域推动产能与投资合作。**中缅产业合作发展形势方面**。中资企业在缅投资主要集中在电力能源、矿业资源及纺织制衣等加工制造业等领域。

中泰产业合作政策环境方面。泰国以服务业为主导产业，工业制造业占 GDP 比重在 30%左右，制造业中机械和运输设备行业增加值占比较高，且泰国外商投资环境友好，推出了包括税收优惠等多项激励外商投资的政策。工业用地政策方面，根据泰国《投资促进法》《工业园管理法》等法律的相关规定，外国投资者在泰国开展业务时可以有条件地为业务开展之目的获得部分土地，泰国的工业用地价格和仓库租金水平自 2018—2023 年呈上升趋势。产业税收优惠方面，泰国《新投资促进战略框架（2023—2027）》提出多项投资激励举措，尤其针对上游产业和先进技术，为相关项目提供长达 13 年的企业所得税豁免、机器进口关税免税，以及研发使用的原物料或必要材料进口关税免税。地区优惠政策方面，泰国政府先后制定了东部经济走廊、南部边境省份、经济特区等投资计划，为投资者提供开办企业、获得电力、施工许可、财产登记、税收、跨境贸易等方面的便利。**中泰产业合作发展形势方面**。我国企业对泰国建厂投资主要聚焦于汽车产业链，以轮胎和整车制造为主。泰国是东南亚汽车制造中心，产业配套完善且轮胎制造具备橡胶资源优势，同时政府积极推动能源绿色转型，在新能源整车生产、电池组装、电池模块生产、充电桩生产及服务等多个板块提供 3～8 年不等的免税期优惠，为我国新能源汽车企业、轮胎企业、上游化工制造企业在泰投资带来机遇。

中柬产业合作政策环境方面。两国 2020 年签署的中国—柬埔寨自由贸易协定（CCFTA）红利持续释放，中国已连续多年保持柬第一大贸易伙伴和最大外资来源国，中国企业对柬投资涉及交通、电力、农业、制造业、旅游开发、经济特区、信息通信等多个领域。据柬方统计，2023 年，中国企业对柬协议投资总额超过 30 亿美元。**中柬产业合作发展形势方面**。主要机遇体现在农业、食品工业、高科技和数字经济产业合作领域。中柬两国共同开发建设的西哈努克港经济特区（简称西港特区），近年来在中柬产能合作项目中取得了显著进展和成效，成为柬埔寨经济发展的“引擎”。中柬双方同意尽快制定合作规划，并以西港特区为示范，打造柬埔寨的“工业发展走廊”和“鱼米走廊”。

中越产业合作政策环境方面。当前越南以服务业和工业为主导产业。2023 年越南工业占 GDP 比重的 37.1%，且人口结构处于黄金时期，适龄劳动人口占比达到 68.3%。越南外商投资环境友好，推出了包括税收优惠等多项激励外商投资的政策。工业用地政策方面，根据《投资法》，外商投资企业可凭借经核发的投资登记证，获得作为建造销售或出租住宅之用的土地，以进行房屋出售或出售与租赁相结合的投资建设项目。2023 年工业用地和成品工厂租金大幅上涨，可见外资开展产业合作需求旺盛。产业税收优惠方面，根据《外国投资法》《企业所得税法》《关税法》以及《进口环节增值税法》，越南提供了一系列税收优惠措施，以鼓励外国投资，包括免征企业所得税、减免关税、免征进口环节增值税等。同时得益于《全面与进步跨太平洋伙伴关系协议》和《欧盟—越南自由贸易协定》，越南出口到欧美的商品关税整体水平很低，部分商品零关税。地区优惠政策方面，越南政府先后设立了胡志明市高科技园区、河内高科技园区、北京维新经济特区等一系列产业园区和经济特区，为投资者提供开办企业、获得电力、施工许可、财产登记、税收、跨境贸易等方面的便利。**中越产业合作发展形势方面**。中国近五年在越南投资建厂规模较大的行业是光伏以及消费电子。光伏产业方面，由于越南在光伏产业出口欧美国家的税收优惠，为避免贸易摩擦，中资企业通过在越投资光伏产品出口欧美国家且保有相对较高的利润空间。电子产业方面，越南以来料加工转出口为主，产业链合作环节包括上游半导体材料和半导体设备的进口、消费电子产品的设计和制造并出口到欧美国家。越南和东南亚其他国家由于拥有丰富的太阳能资源，在推动能源转型的过程中展现出巨大的开发潜力。鉴于此，中国企业应该提前进行战略布局，积极探索与当地产业的合作机会，以开拓新的市场空间。

4.4　绿色金融发展

澜湄国家因地理环境特殊，在其工业化发展进程中产生了一系列的不良环境影响，未来社会经济的发展被极端气候变化严重影响，导致其经济发展面临不同程度的挑战，向绿色经济发展模式的转变迫在眉睫。在绿色低碳的发展共识下，中国与澜湄国家的绿色金融合作将迎来新的历史性机遇，继续推动中国同澜湄国家的绿色金融合作，加强对低碳、循环和绿色经济合作的探讨，积极应对合作中所带来的各种环境挑战，对双方的金融发展都将带来重要积极影响。

4.4.1　中国与东盟（澜湄国家）绿色金融合作发展现状

早在 2015 年，中国在《生态文明体制改革总体方案》中首次提出“建立绿色金融体系”的总体目标；在 2016 年，中国在《关于构建绿色金融体系的指导意见》中明确提出构建绿色金融体系的重点任务和具体措施，为绿色金融规范发展提供政策保障；2021 年，中国在《关于完整准确全面贯彻新发展理念做好碳达峰、碳中和工作的意见》中要求积极发展绿色金融，建立健全绿色金融标准体系，为做好金融支持碳中和工作提供了基本遵循。

中国与东盟（澜湄国家）间的金融合作发展已经经历了漫长的过程，在此期间取得了不少优秀成果。双方积极推动对接“一带一路”倡议，签订《中国—东盟全面经济合作框架协议》《东盟共同体愿景 2025》和《东盟互联互通总体规划 2025》等战略，以促成差异化区域金融结构融合。

一方面，中国与东盟（澜湄国家）长期稳定的环保合作机制已基本构建。

不仅就绿色低碳发展达成合作共识，陆续提出促进双方低碳发展的未来经济发展目标，同时还构建了国家层面的环保合作框架，积极开展环境合作论坛对话交流，建设绿色“一带一路”合作平台，积极将生态环保合作纳入“一带一路”倡议中。

另一方面，中国与东盟（澜湄国家）积极完善金融合作发展范围内的绿色金融政策顶层设计，持续完善各自绿色金融政策体系。

自2018年以来，东盟陆续制定《绿色债券标准》《可持续资本市场路线图》及《东盟可持续银行原则》等政策，持续助力东盟绿色金融市场的标准统一化，从而更快更好地推动东盟各成员国包括澜湄国家的绿色金融发展。

2018年，中国人民银行成立的全国金融标准化技术委员会绿色金融标准工作组出台发布《绿色债券支持项目目录（2021年版）》《金融机构环境信息披露指南》《环境权益融资工具》《碳金融产品》4项标准，另有15项标准进入立项或征求意见环节，涉及环境、社会和治理（ESG）评价、金融机构和金融业务碳核算等重点领域。中国初步形成绿色贷款、绿色债券、绿色保险、绿色基金、绿色信托、碳金融等多层次绿色金融产品和市场体系。截至2021年末，中国本外币绿色贷款余额为15.9万亿元，同比增长33%，存量规模全球第一。2021年境内绿色债券发行量超过6000亿元，同比增长180%。

东盟资本市场论坛先后发布《东盟绿色债券标准》《东盟社会债券标准》《东盟可持续债券标准》，进一步规范东盟绿色、社会、可持续金融市场。中国银行业金融机构在东盟国家设立分支机构，探索开展绿色金融业务。2019年，中国工商银行新加坡分行发行全球首支等值22亿美元绿色“一带一路”银行间常态化合作债券，募集资金用于“一带一路”绿色项目建设，新加坡星展银行和马来银行是此次债券的承销商之一。

4.4.2 中国与澜湄国家绿色金融发展合作前景

1. 中国绿色金融政策体系逐步完善

目前，中国的绿色金融政策体系已经日趋完善，基本确立了“三大功能”

“五大支柱”的发展思路。这些功能包括引导绿色投资、促进产业绿色转型、优化能源结构、支持污染防治和保护环境等。具体措施包括：一是绿色债券、绿色信贷、绿色股权等金融工具被广泛使用，以支持环保项目和可持续发展；二是商业银行和政策性银行已经初步搭建起较为完善的绿色金融框架，涵盖公司治理、政策、产品及风险管理等方面，并设立相应的绿色金融委员会和部门；三是创新开发基于碳普惠减排量的各类金融服务，加大对可再生能源、绿色制造、绿色建筑、绿色交通等领域的金融支持。

2. “一带一路”绿色发展推动

“一带一路”绿色投资原则旨在将低碳和可持续发展议题融入“一带一路”倡议，以提升项目投资的环境和社会风险管理水平，推动“一带一路”投资的绿色化。这一原则强调在满足沿线基础设施发展的巨大需求的同时，有效支持环境改善和应对气候变化。具体而言，《“一带一路”绿色投资原则》设置了三个工作组：环境和气候风险评估、环境和气候信息披露以及绿色金融产品创新。这些工作组致力于开发绿色金融工具、方法和标准，并通过自愿准则和最佳实践来推广绿色金融合作。

3. 澜湄合作机制推动

澜湄合作提出了持续实施“绿色澜湄计划”，重点推动本地区环境治理与低碳发展能力建设、澜湄绿色低碳可持续基础设施建设。这表明澜湄合作不仅关注经济发展，也致力于环境保护和可持续性。澜湄合作五年行动计划（2023—2027）中提到，将通过金融机构合作机制和专项贷款等方式加强对区域互联互通、可持续发展和产能合作等领域的金融支持。此外，澜湄环境合作中心在过去五年取得了丰硕成果，特别是在应对气候变化和生态环境保护方面，构建了可持续基础设施与绿色价值链的伙伴关系。

4. 区域能力建设推动

“澜湄未来外交官培育计划”（Training Program for Future LMC Diplomats）是澜湄合作的能力建设项目，项目内容包括高端对话、圆桌论坛、专家讲座、工作组会议、模拟澜湄领导人会议、实地调研和文化体验等，旨在为中国、柬埔寨、老挝、缅甸、泰国和越南六国青年搭建交流平台，为澜湄合作培养外交后备人才。澜湄未来外交官研修计划通过促进澜湄国家之间的互联互通与绿色金融合作，围绕澜湄国家互联互通与绿色金融合作、澜湄地区气候变化等议题展开讨论和研究，旨在加强澜湄区域内的绿色金融服务体系，包括绿色信贷、绿色债券、绿色保险、绿色租赁等多样化产品序列的完善和发展。澜湄未来外交官研修计划可能通过促进各国青年之间的交流与合作，间接地促进了跨境金融风险管理的国际合作与政策协调。

跨境金融风险管理是一个复杂且多变的领域，涉及全球业务环节多、金融风险类型复杂、资金交易频繁等问题。金融机构可以通过扩大合作网络的方式，协同探索经验与解决方法，在开展跨境业务时与监管部门强化沟通与合作，积极参与政策制定和监管规则的制定过程，以确保更好地适应跨境金融市场变化。

第5章

发展展望

5.1 经济发展展望

5.1.1 经济发展规划及政策

1．老挝

老挝政府积极制定贸易和投资政策，以促进融入全球经济，包括实施贸易便利化措施、关税削减以及加入国际贸易相关协定等。老挝是区域全面经济伙伴关系协定（RCEP）的成员国之一，该协定于 2022 年 1 月对老挝正式生效，有助于其市场准入。面对近年通货膨胀飙升、劳动力短缺，以及不断扩大的贸易逆差等问题，老挝政府采取了一系列措施，以增强其经济发展的韧性，为未来的繁荣铺平道路。

老挝 2021 年发布的《老挝国家经济发展五年计划（2021—2025）》中表示，政府计划在 2021—2025 年间实现年均 4%的经济增长率。目标的具体措施主要集中在六个方面：

（1）维持经济高质量、稳定和可持续增长：这是老挝政府的首要任务，旨在确保国家经济能够持续、健康地发展。

（2）培训适应发展需要的人才：为了支持经济发展，老挝政府将重点培养符合未来需求的各类人才。

（3）提高人民生活水平：通过改善基础设施和服务，提升民众的生活质量是另一个重要目标。

（4）满足环保要求、减少自然灾害：环境保护和灾害预防也是老挝政府关注的重点，以保障国家的长期稳定和发展。

（5）加强基础设施建设并高效利用、发挥优势增进区域和国际合作：通过改善交通、通信等基础设施，并加强与其他国家的合作，促进经济一体化。

（6）提高行政管理、国家治理能力：优化政府运作机制，提高效率和透明度，以更好地服务经济发展和社会进步。

2024 年老挝国家第九届立法机构第六次常会上，老挝计划和投资部长坎詹·冯福西表示，政府设定了 2024 年度实现 4.5%经济增长的目标，同时还包括将通货膨胀率降至 9%、实现年内吸引至少 460 万人次游客、创造约 7.12 亿美元旅游收入、今年吸引 32 万亿基普（1 元人民币约合 2889 基普）国内外私人投资的目标。尽管提出了以上目标，老挝的经济发展仍面临一些挑战，尤其是产业结构中农业比重较高，而工业和服务业的发展相对滞后。

农业方面。老挝虽然拥有丰富的农业资源，但由于基础设施落后，如水利灌溉、防洪防旱设施不完善，导致农业生产效率低下。尽管如此，老挝的粮食生产仍能满足国内消费需求，并有储备和出口能力，牲畜养殖业尤其是肉类养殖业实现了强劲增长。**工业方面**。老挝的工业基础非常薄弱，没有重工业，主要以水力发电和采矿业为主。近年来，虽然得益于国外援助和外国投资，工业增加值有所增长，但整体上仍然缺乏竞争力和可持续性。此外，老挝的经济增长严重依赖自然资源部门，这种增长模式是不可持续的。**服务业方面**。老挝的服务业基础同样薄弱，起步较晚。尽管执行革新开放政策以来，服务业取得了一定的发展，尤其是旅游业成为经济发展的新兴产业，但整体上服务业对整体经济的贡献仍然较低。特别是住宿和旅游相关服务业出现了萎缩现象。总体而言，老挝的经济结构尚未向工业化和现代化转变，农业、工业和服务业均存在较大的发展空间和潜力。

2. 缅甸

缅甸近年来致力于推进市场自由化，向开放型市场经济迈进。缅甸政府在 2016 年 7 月发布了《十二项国家经济政策》，这些政策的主要内容包括：通过建立一个公开透明且稳健的财政管理体系来增加财政资源；改善国有企业运营并私有化具有改革潜力的企业；培育技能劳动力并创造就业机会，以支持现代化和发达经济的需求；优先发展电力、公路和港口等关键经济基础设施，并解决生活和工业用电缺口；确保农业和工业部门的均衡增长，同时提高粮食安全水平；实现金融稳定，确保金融体系的健康运行；推动环保城镇建设，改善公共服务和公共空间，走低碳、绿色的经济发展道路；简化税收体系以增加全国税收收入；营造一个适应性强的商业环境，吸引国内外投资等。

农业方面。缅甸在 2018 年发布了《缅甸农业发展战略与投资规划（2018—2023）》，政府强调小农户应成为缅甸农业（和农村发展）战略的核心，通过制定和改善供应链来提升小农户的生产效率，同时提出了增强基础设施建设，加强土地权利和机械化，提升畜牧业和渔业实践，实施国家出口战略等政策机制。缅甸的农业机械行业作为该国经济的重要支柱之一，其投资前景与风险一直是投资者关注的热点。据亚洲开发银行报告显示，预计到 2030 年，缅甸的农业产值将增长至 48 亿美元，其中农业机械化是推动这一增长的关键因素。**工业方面**。缅甸的现代工业基础薄弱，现有厂商多属低阶的小型机械制造产业，主要集中在纺织、印染、碾米、木材加工、制糖、造纸、化肥和制药等行业。目前缅甸政府在工业方面的政策和规划涵盖了新能源车、传统制造业、工业园区建设、电力基础设施、经济政策与战略、外资引入及出口战略等多个方面，显示出其对工业发展的全面重视和支持。缅甸政府制定了鼓励本地和外国投资者投资的法律法规，特别是通过设立特别经济区（SEZ）来提供丰厚的激励措施。这些措施旨在吸引外资进入制造业，并通过提高进口关税刺激本地制造业的发展，缅甸在工业园区建设和外资引入方面取得了显著进展，尤其是在能源、电力和工业等领域的投资较为集中。**服务业方面**。旅游业是缅甸服务业的重要组成部分，政府制定了旅游发展计划，包括 38 项价值近 500 亿美元的发展项目，旨在提高缅甸的旅游竞争力。具体而言，缅甸制定了《缅甸旅游战略恢复路线图 2021—2025》，并发布了《缅甸生态旅游政策与管理战略》，以保护独特的生态系统，并鼓励各方实施生态旅游政策、商业模式和管理方法。

3. 泰国

泰国 2018 年颁布了《国家 20 年发展战略规划（2018—2037 年）》，旨在将泰国建设成为稳定、富裕、可持续发展的国家或地区，目标是到 2037 年跻身发达国家行列，该规划强调基础设施建设、旅游业发展以及中泰关系的深化等。此外，泰国还推出了“泰国 4.0”计划，包括六大重点发展区域，这些区域主要集中在东部经济走廊（EEC），即北柳、春武里和罗勇三府。在这一区域内，泰国政府大力投资基础设施建设，以促进高附加值产业的发展，如新型汽车制造、生物技术、数字经济等。此外，泰国还推出了多项优惠政策来吸引外资，特别是在高科技领域和东部经济走廊的投资。从 2023 年开始，泰国启动了新的五年投资促进战略（2023—2027 年），重点吸引先进技术和上游产业进入泰国，推动经济进入新时代。这包括调整制造业结构向创新型产业转型，并培养新时代人才。泰国政府在 2023 年 8 月宣布了一系列经济刺激政策，包括发放“数字钱包”以促进消费。此外，还计划在未来 6 个月内向全国 5500 万民众发放共计 5600 亿泰铢（约合 160 亿美元）的数字消费金，以刺激国内需求和投资。

农业方面。泰国的农业占经济比重不高，发展规划和政策主要围绕提升农业竞争力、促进可持续发展以及增强国际竞争力展开，政府鼓励将先进科研成果运用于农业生产，培养智慧农民，并把新发明和现代科技应用于农业中。**工业方面**。泰国以现代汽车产业、智能电子产业为重点领域，推动“东部经济走廊”建设，与共建“一带一路”倡议高度契合，将给中国企业带来新的机遇，中国企业投资泰国的产业越来越多，从较早的工程建筑，到现在的新能源、通信、汽车制造等领域。**服务业方面**。泰国发展规划和政策主要集中在旅游业的复苏与促进上，通过实施免签政策、旅游激励措施、长期免签政策以及设定具体的旅游收入目标来吸引更多的外国游客。同时，泰国政府也在制定整体的服务业发展规划，完善交通网络，并对外商投资提供便利化措施，以支持服务业的整体发展。

4. 柬埔寨

柬埔寨的经济发展规划和政策聚焦于保持稳定的经济增长、优化投资环境、推动数字化转型、加强基础设施建设和促进特定产业的发展。柬埔寨实行开放的自由市场经济政策，不实行外汇管制，大部分行业对外国投资者开放，为了进一步吸引外资，柬埔寨通过了新的《投资法》，简化了投资程序并加大了税务优惠力度。

柬埔寨政府于 2023 年 8 月宣布实施“五角战略”的第一阶段计划。这一战略是柬埔寨的一项长期发展战略，旨在通过一系列具体措施推动国家的经济增长和社会进步。“五角战略”第一阶段的重点领域包括七个关键方面：促进治理和机构能力、营造有利于经济社会发展的环境、发展人力资源、促进经济多元化和提高竞争力、发展民营企业和创造就业机会、推动可适应、可持续和包容性发展以及发展数字经济社会。这些领域的目标是为了实现柬埔寨在 2050 年成为高收入国家的目标奠定基础。为了有效实施这一战略，新政府确立了六项优先政策项目，并决定由副首相兼财经部长翁本莫尼洛负责协调和跟进各部门和机构的执行成果，这些政策项目包括扩大医保服务覆盖全国范围、为贫困户和弱势群体提供技能和技术专业培训等。该战略的核心在于加强和改革国家机构的治理和制度现代化，使其成为现代、有能力、强大、聪明和廉洁的机构，从而确保政治、经济和行政权力能够有效管理国家事务。

农业方面。柬埔寨的农业发展规划和政策涵盖了从基础设施建设到技术创新、从市场拓展到国际合作等多个方面，致力于将农业发展为现代化、有竞争力的产业，从而支持国家经济增长和农民生活水平的提升。为此柬埔寨政府制定了《2021—2030 年农业发展政策》，旨在实现农业领域 3%的年增长率，并将员工年产值从 2019 年的 1986 美元增至 2030 年的 4625 美元。柬埔寨致力于推动农业从劳动密集型向技术密集型转变，包括家庭农业向高标准、有竞争力、供应导向型农业转变。此外，政府还计划通过建立协调和融资机制来稳定农产品价格，并派遣农业技术官员到重点农业省份推广农业现代化试点。**工业方面**。柬埔寨积极融入区域、次区域合作，并通过《新投资法》简化投资程序、加大税务优惠力度，鼓励投资并实现工业多元化发展，同时柬埔寨政府重视基础设施建设领域的发展，希望与中方加强在路桥、水利、电站、电网、港口、码头、机场、通信等领域的合作。**服务业方面**。柬埔寨政府 2023 年通过《旅游业疫后复苏路线图》加速了旅游业及其相关服务业的复苏，使旅游业成为经济增长的重要动力源之一，旅游业的快速增长带动了酒店、餐饮、批发零售和运输业等相关服务行业的发展。

总体而言，柬埔寨的经济发展规划和政策聚焦于经济增长、工业发展、基础设施建设、投资环境优化、农业和旅游业发展以及结构性改革等方面，旨在实现经济的可持续增长和全面发展。

5. 越南

越南政府采取了一系列财政政策来稳定宏观经济，如税收减免、财政支持政策以及企业和劳动者扶持政策。这些措施旨在提振消费者信心和企业活力，促进经济增长。在越南《2021—2025 五年经济社会发展计划》，并要求各部委、部级机构、政府附属机构、经济团体、国有企业等开展编制工作。该计划的目标包括 GDP 年均增长率为 6.5%～7%，全要素生产率对增长的贡献约为 45%，城镇化率达到 45%，加工制造业和数字经济在 GDP 中所占比重分别达到 25% 和 20%。

农业方面。越南出台了多项支持农场经济发展的政策，涵盖农作物种植、畜牧养殖、林业和水产养殖等多个领域。这些政策旨在促进农场经济的发展，提升农业生产效率。越南政府批准了《至 2030 年越南种植业发展战略暨 2050 年远景》，提出了具体的种植业产值增长率、产品加工业附加值增长率以及出口额目标。**工业方面**。越南致力于提升制造业地位，并向科学技术中心转型，越南政府制定了明确的目标，到 2030 年基本建成现代工业国家或地区，并在 2045 年成为高收入发达国家或地区。这一目标包括通过科技进步和创新，在生产力、质量、效率和竞争力方面取得突破，重点领域是高科技产业、数字工业、绿色产业以及机械制造、采矿、冶金、化学、肥料和材料等基础工业。越南设立了多个经济开发区和工业园区，实行各种鼓励发展政策。这些园区分布在全国各地，特别是北部、中部和南部地区，每个地区都有独特的激励方案。例如，在工业园区内建立生产设施的企业可以享受企业所得税减免和免征土地租金等优惠政策。RCEP（区域全面经济伙伴关系协定）签订后，越南利用关税减免政策进一步开放亚太地区的贸易环境，有利于越南发展劳动密集型工业产业。此外，越南也在积极吸引外资，特别是来自全球大型汽车制造商的技术和资金支持。**服务业方面**。近年来越南的第三产业比重持续提升，成为经济增长的重要驱动力，越南政府积极鼓励对金融、技术研发等第三产业的投资，特别是跨境电商、移动支付、数字经济和银发经济等领域。此外，越南政府还出台了多项支持政策，如第 32 号议定（32/2024/ND-CP），旨在支持在经济社会条件艰苦地区投资建设产业集群技术基础设施。

5.1.2 经济指标预测

2024—2030 年，预计澜湄区域经济增速保持过去十年的水平。推动澜湄地区发展的重要因素是人口结构优势和其位于主要贸易路线交汇处的地理位置，在贸易协定的支持下，美国和中国预计将增加对该地区的贸易和投资。预计 2024 年老挝、缅甸、泰国、柬埔寨、越南国内生产总值（GDP）年增长率分别 4.0%、2.0%、2.7%、6.1%、5.5%；2024—2030 年 GDP 年均增长率预计分别为 3.86%、2.43%、2.53%、6.06%、5.57%。至 2030 年，老挝、缅甸、泰国、柬埔寨、越南 GDP（2015 年不变价）预计将分别达到 264.6 亿、754.5 亿、5460.0 亿、397.1 亿、5515.5 亿美元。预计 2024 年澜湄五国 GDP 预测情况如图 5-1 所示。

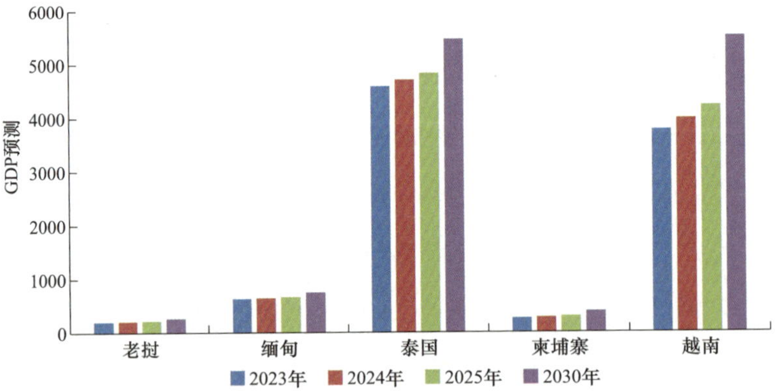

图 5-1 澜湄五国 GDP 预测（亿美元）

数据来源：世界银行、亚洲开发银行、国际货币基金组织

1. 老挝

亚洲开发银行的《2024 年 4 月亚洲发展展望》预测，老挝 2024 年和 2025 年的国内生产总值（GDP）将增长 4%；国际货币基金组织（IMF）也预测，老挝 2024 年的经济增长率将达到 4%左右。这一增长主要受到旅游业、贸易以及服务出口的推动。其次，老挝也在积极夯实基础设施建设，吸引私人投资，

并实现资源的可持续利用。此外，老挝还通过扩大电力出口和深化区域合作来增强其经济韧性。

尽管有诸多积极因素，老挝仍面临一些挑战和风险：一是通货膨胀率居高不下，2024年上半年平均通胀率达到25%，这对消费和投资产生了不利影响；二是老挝的公共债务较高，债务偿付压力大，这限制了财政空间并增加了违约风险；三是由于国内外不确定性、有限的外汇储备和高进口量，宏观经济的不稳定性可能阻碍贫困减缓进程。

2. 缅甸

缅甸经济在过去三年中经历了较大波动，2021—2022年GDP连续下降，在2023年开始出现回升的趋势。从2023年的经济政策来看，缅甸政府在追求市场自由化和开放型市场经济方面取得了一定的进展。缅甸政府设定了2024财年GDP增长3.8%的目标，伦敦世界经济研究院预测2024年缅甸GDP增长率为1.5%左右。缅甸在基础设施方面的投资正在逐步改善，有助于未来的经济增长，但是当前缅甸政治局势不稳定的问题对经济发展和进出口贸易造成了长期负面影响，缅甸进出口贸易以农产品为主，商品进出口呈连续下降趋势将影响其第一产业的发展。

3. 泰国

泰国政府为了促进2024年的经济增长，采取了多项具体措施。首先，泰国政府计划通过吸引投资、加快重点基础设施项目建设来推动经济复苏。这包括提高现有机场容量，扩建公路、铁路网络和港口，尤其是继续改扩建首都曼谷和东部经济走廊地区的道路网络。

泰国财政部预测2024年的经济增长为2.7%，较之前的预测有所提高。然而，世界银行则下调了泰国2024年的经济增长预期至2.4%，主要由于年初出口与公共投资表现不及预期。此外，泰国国家经济与社会发展委员会也下调了2024年的经济增长预期，将其从之前的2.7%～3.7%调整为2.2%～3.2%。摩根大通（泰国）公司预测2024年泰国GDP将实现3.7%的增长，成为过去五年中首次超过全球平均增速。而国际货币基金组织（IMF）则更为乐观，预计泰国经济在 2024 年将以 4.4%的速度进一步增长。

4. 柬埔寨

柬埔寨的经济发展前景总体上是乐观的，预计在未来几年内将继续保持较高的增长率。从经济增长率来看，世界银行和国际货币基金组织（IMF）均预测 2024 年柬埔寨的 GDP 增长率将超过 6%。具体而言，世界银行预计 2024 年的增长率为 6.1%，而 IMF 则预测为 6.6%。在基础设施方面，柬埔寨公布了未来十年的发展计划，涉及大量基础设施项目，包括道路、铁路、内陆运河、海运、航空运输和物流项目。这些项目的实施将有助于提升国家的整体竞争力和吸引更多的外资。

5. 越南

越南经济在 2024 年展现出强劲的复苏势头，这主要得益于全球供应链和投资资本流动性的改善以及周边国家经济的复苏。根据世界银行的预测，2024 年越南经济增长率将达到 5.5%，并在 2025 年逐渐增至 6%。越南计划与投资部预计，2024 年 GDP 增长率可能达到 7%，超过政府设定的目标。

越南政府为促进 2024 年经济增长采取了多项具体政策措施。首先，根据《关于执行 2024 年经济社会发展和国际预算计划主要任务和措施的第 1 号决议》，政府提出了 12 项主要任务和措施，包括优先推进经济增长、维护宏观经济稳定、抑制通胀以及确保经济平衡等。此外，政府还加快颁布了多项新法律的指导性文件，以完善制度、消除企业困难并促进经济增长。在半导体领域，越南政府制定了战略，旨在提升芯片制造能力，主动参与第四次工业革命，并提出了开发专用芯片、促进电子产业发展、吸引半导体领域投资等具体措施。

5.2 能源发展展望

5.2.1 能源发展战略

在全球能源转型背景下，澜湄五国制定并发布清洁能源发展战略和规划，愈加注重能源安全、清洁低碳、技术创新和数字化发展。

1. 老挝

老挝发布的能源规划政策文件主要集中在新能源领域，尤其是风能、太阳能和水力发电。根据 2023 年 9 月 15 日，老挝能源与矿产部发布命令，暂时停止计划中的风能、太阳能、水力发电和氢能项目的研究和开发，直到政府部门形成相关的能源发展政策和总体规划，这表明老挝在新能源领域开始有一定的规划先行策略。

中国电建联合老挝能矿部于 2024 年 3 月 27 日发布了《老挝国家新能源总体规划》。该规划详细介绍了老挝全境风力和光照资源分布，以及风电和光伏项目理论可装机容量、电网接入情况、未来电力消纳途径，并分区域进行了规划。这标志着老挝在新能源领域的规划已经取得实质性进展。

2. 缅甸

缅甸政府近年来发布了多项能源规划政策文件，以促进该国的可持续发展和应对气候变化。

缅甸在能源政策方面采取了多项措施来实现低碳、绿色经济发展。首先，缅甸政府通过制定《2018—2030 缅甸气候变化政策、策略以及总体规划》和《2030 年联合国可持续发展目标》，致力于在 2030 年之前通过低碳环保的发展成为可适应气候变化的国家或地区。此外，缅甸还颁布了《缅甸可持续发展规划》，优先发展以太阳能为代表的可再生能源。

3. 泰国

泰国政府 2018 年发布《泰国可替代能源发展规划 2018—2037 年》提出至 2037 年泰国可再生能源占终端能源消费总量比重达 30%，可再生能源占发电总量的 15%～20%的目标。在近年来全球化石燃料价格高涨的情况下，泰国用能成本不断升高，电价高企对民生、经济发展都造成了一定影响，其中农业、工业受到的冲击尤大。泰国总理办公室和工业联合会于 2024 年 2 月声明，政府将推动能源价格结构调整，重点推广太阳能的发展和使用，支持农民、社区和工商业部门安装太阳能发电设备。另外，2023 年底，能源管理委员会（ERC）

表示将启用绿色关税（UGT）机制，倡导工业领域使用绿色能源。这一机制的主要部分是可再生能源生产证书（REC），能够追踪能源生产过程。

4. 柬埔寨

柬埔寨的能源发展规划和政策主要集中在满足日益增长的电力需求、保障能源安全、提高清洁能源利用效率以及减少温室气体排放等方面。柬埔寨政府2022年发布了“国家能源效率政策（NEEP）”，提出减少温室气体排放，推动可持续发展，具体的措施包括在工业、建筑和家电领域实施强制性的能源管理系统；制定并推广节能技术和服务的标准和指南；提供税收优惠，以鼓励节能设备和电器的使用等。在GMS能源转型工作组（ETTF）机制下，柬埔寨提出以下能源绿色转型的重点举措：一是增加可再生能源、能源效率和建筑、交通和工业电气化的国内部署；二是建立一个能够承受和适应不断变化的条件和需求的弹性电网；三是增加电力互联互通和跨境电力交易规模。

5. 越南

越南的能源发展规划和政策主要集中在推动可再生能源的发展，以实现能源结构的绿色转型，并确保国家能源安全。越南政府制定了《2021—2030年国家能源总体规划和2050年愿景》，旨在保障国家能源安全，适应经济社会发展和工业化、现代化的要求，同时保护生态环境并为实现2050年净零排放目标作出贡献。越南政府提出了能源安全优先事项包括同步开发各种能源来源，经济、高效利用国内能源，减少对进口石油产品的依赖，合理出口煤炭（每年煤炭出口量不超过2亿～3亿t，直至2020年），连接区域能源系统，扩充石油产品储备，以及将能源安全与经济的整体防御和安全保障相结合。越南政府同时还发布了《到2030年越南氢能发展战略和2050年愿景》，这标志着越南在能源安全、减少温室气体排放以及促进绿色经济方面取得了显著进展。

5.2.2 能源消费预测

澜湄五国终端能源需求将平稳增长，主要需求将来源于泰国和越南。根据国际能源署等机构预测整理，预计2024年老挝、缅甸、泰国、柬埔寨、越南终端能源消费年增长率分别为 4.0%、3.0%、3.4%、6.0%和 3.0%。至 2030 年底澜湄五国总体终端能源消费总量预计到 24 115.5 万吨油当量，2030 年老挝、缅甸、泰国、柬埔寨、越南终端能源消费预计分别达到 454.6 万、2052.1 万、11 631.0 万、1159.8 万、8818.1 万吨油当量，2024—2030 年年均增长率分别为 3.64%、2.28%、2.91%、5.28%和 3.07%。澜湄五国终端能源消费预测如图 5-2 所示。

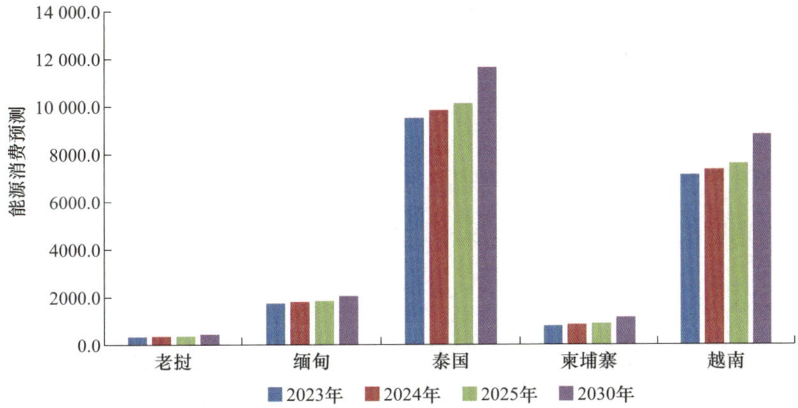

图 5-2　澜湄五国终端能源消费预测（万吨油当量）

数据来源：根据国际能源署等机构整理

5.3　电力发展展望

5.3.1　电力规划情况

澜湄五国近期均启动或发布最新规划，均提出了中长期电力发展目标，中长期目标均体现了推进清洁能源发展。

1. 老挝

老挝国家电力公司（EDL）于 2023 年 6 月 13 日发布了《2023—2050 电力供应计划》，计划中提到老挝各地区未来用电需求和供电能力的规划，规划至 2050 年，老挝北部（乌多姆赛、朗南塔、波乔和琅勃拉邦）用电需求约为 250 万 kW，经济特区和工业园（Amata，金三角，磨丁，Chomphet）用电需求将达到 68.7 万 kW，虚拟货币挖矿业（Crypto mining）约有 24 万 kW 的负荷，加工业约 23 万 kW，其他工业和新能源交通用电需求约 18.8 万 kW。

电源方面，《2023—2050 电力供应计划》提出了以下的原则，一是有必要保留特许权期结束移交政府的电源从出口转为境内供电，接入国家电网；二是有必要考虑开发燃煤电厂作为供电的基础保障；三是支持将来国家与国家之间的网对网电力交易，促进老挝作为电力交易中心，使用特许权期结束项目原来点对网的线路作为输电通道。

2. 缅甸

缅甸制定的《国家电力总体规划（目标 2030 年）》中提出，至 2030 年缅甸规划总电力装机容量达到 2351.8 万 kW，其中水电、煤电、气电和非水可再生能源装机分别占 37%、33%、21%和 9%。当前缅甸的装机规模与目标有较大差距。同时按照该规划，2025 年和 2030 年缅甸最大负荷将分别达到 729.1 万 kW 和 930.5 万 kW，用电量分别达到 365 亿 kWh 和 465 亿 kWh，目前实际用电需求与规划水平差距较大。对缅甸而言，如果不能制定出切实可行的能源政策和电力发展规划，将难以摆脱短期应急式的，依靠天然气发电和燃油发电的高成本窘境。另外，缅甸提出要在 2030 年实现电气化率达到 100%的目标。

电网方面，若负荷达到预期水平，2030 年缅甸主网将形成北电南送的 500kV 交流双通道和±500kV 直流双通道，若负荷达不到预期，缅甸主网将仅形成北电南送的 500kV 交流双通道。

3. 泰国

泰国目前正在进行产业升级，重点对科技、能源、交通进行基建升级，促使全社会高效率发展。能源方面大力发展光伏和风电，改变泰国以火电为主的能源结构，推进绿色低碳城市建设具有重要作用。但是新能源出力的随机性给电网带来的扰动影响较大，大规模发展新能源将对电网稳定性带来冲击，需要加大电网调峰能力。因此，应配套制定适应新能源发展的电网规划，加强新能源并网管理和运行管理，以提高新能源发电的接地消纳水平。泰国为实现 2050 年碳中和的目标，2024 年初制定了最新的电力发展计划（PDP），目前已形成征求意见草案。草案提出了以下重点内容：一是大力发展可再生能源，至 2037 年可再生能源占比达 51%，新增可再生能源装机约 3500 万 kW；二是增加进口电力需求，至 2037 年新增进口容量需求 350 万 kW，预计主要来自老挝；三是发展模块化核能（SMR），以替代部分的可再生能源装机，提升电力供应的可靠性；四是降低终端零售电价，计划从每千瓦时 3.94 泰铢（0.78 元）降至每千瓦时 3.87 泰铢（0.76 元）。可见泰国在追求绿色发展的同时，对能源供给的安全性和经济性均提出了较高的目标，新 PDP 将为中泰开展电力合作带来新机遇。

4. 柬埔寨

2022 年柬埔寨发布了《2022—2040 年电力发展规划》，规划已批准 25.39 亿美元的投资预算用于 2022—2025 年的电源项目开发；2026—2040 年，计划投资约 65.5 亿美元用于开发水电站、太阳能发电、电池存储系统、天然气和生物质等发电项目。电网建设投资方面，柬埔寨已批准 8.16 亿美元用于 2022—2025 年的电网建设，2026—2040 年计划投资约 9.8 亿美元。

电源规划方面，柬埔寨计划在 2022—2040 年，新增电源 1124.7 万 kW。其中，新增煤电 166 万 kW，气电 90 万 kW，水电 164.5 万 kW，光伏发电 280 万 kW，生物质发电 17.2 万 kW，电池储能 42 万 kW，进口电力 365 万 kW。预计至 2040 年，柬埔寨电源规模将超过 1500 万 kW。

电网规划方面，提出新增 340 项电网工程项目，包括新建变电站工程、扩大主变压器工程、输电线路工程、新增无功补偿设备等。其中大部分输变电工程和输电线路工程安排在 2030 年之前建设。

互联互通方面，规划提出至 2040 年将从老挝进口 265 万 kW 电力，并通过新建 1 回 500kV 柬泰联网项目，从泰国进口 100 万 kW 电力。

5. 越南

2023 年 5 月，《越南 2021—2030 年阶段和至 2050 年远景展望国家电力发展规划》（简称越南第八个电力规划，PDP8）正式通过审批。PDP8 提出 2021—2030 年、2031—2050 年两个阶段年均投资额分别达 134.7 亿美元和 199.6 亿～261.5 亿美元。PDP8 提出利用公正能源转型伙伴关系（JEPT）作为越南能源转型重要解决方案，以缓解越南电力集团（EVN）由于连续亏损造成的投资能力不足的问题。

电源规划方面，PDP8 规划至 2030 年，总装机容量达到 1.53 亿 kW，其中，水电 2934 万 kW（19.1%）、煤电 3012 万 kW（19.7%）、燃气 1493 万 kW（9.7%）、LNG 2240 万 kW（14.6%）、风电 2788 万 kW（18.2%）、太阳能 2050 万 kW（13.4%），从国外进口电力规模分别达 500 万～800 万 kW。至 2050 年总装机容量达到 4.79 亿～5.62 亿 kW，从国外进口电力规模分别达 1104 万 kW。2030 年可再生能源比例达到 30.9%～47%，2050 年可再生能源占比达到 67.5%～71.5%。为达到可再生能源发展目标，越南计划在 2030 年前放缓大型光伏建设、大力发展陆上风电至技术可开发容量上限，2030 年后大力发展光伏、海上风电；同时为保障能源安全，2030 年仍保留约 900 万 kW 新增煤电规划，2030 年后停止新增煤电，2050 年实现完全退煤。

电网规划方面，PDP8 提出建设 500kV 全国骨干网络和 220kV 区域输电系统；新建 500kV 输电通道加强中部电网与南、北部互联能力，并提出土地资源有限条件下近期应合理发展区域间电网，减少跨区域远距离送电；提高输电网安全标准，在主要输电网 *N*–1 标准基础上首次提出主要负荷区域的 *N*–2 标准；纳入了综合线损率、供电可靠性等用电指标，特别提出到 2030 年，电网供电可靠度达到东盟前 4 名，电力可靠指标达到东盟前 3 名；继续实施农村、山区电气化，确保到 2030 年实现居民 100%用电目标。

互联互通方面，PDP8 提出继续研究通过 500、220、110kV 电压等级与东南亚国家（ASEAN）、湄公河区域（GMS）进行互联互通；通过 500、220kV 电压等级从老挝进口电力；2030 年前在中越现有 220kV 联网线路增设背靠背换流站，实现与我国异步联网，远期规划建设中越 500kV 联网工程，但未具体明确进出口规划。电力贸易方面，2030 年根据老越协定从老挝进口电力约 500 万 kW，并争取合适项目扩大至 800 万 kW，送电量 188 亿～300 亿 kWh；2050 年进口电力约 1104 万 kW，送电量约 370 亿 kWh。同时提出以可再生能源为主的电力出口，预计至 2030 年之前出口规模达到 300 万～400 万 kW。

5.3.2 电力需求预测

整体而言，预计 2024—2030 年澜湄区域随着经济复苏带动用电需求快速稳定增长。预计 2024 年澜湄五国总用电量将达到 5307.6 亿 kWh，2025 年将达到 5585.8 亿 kWh，2023—2025 年年均增长率约为 5.21%；至 2030 年达到 6974.7 亿 kWh，2025—2030 年年均增长率约为 4.54%。其中预计柬埔寨用电量年均增长率在 11%～12%左右，老挝用电量年均增长率在 8%～10%左右，越南用电量年均增长率在 5%～6%左右，泰国、缅甸用电量年均增长率在 3%～4%左右。至 2030 年，老挝、缅甸、泰国、柬埔寨、越南用电量分别为 207.5 亿、245.0 亿、2532.4 亿、354.1 亿、3635.7 亿 kWh。澜湄五国用电量预测如图 5-3 所示。

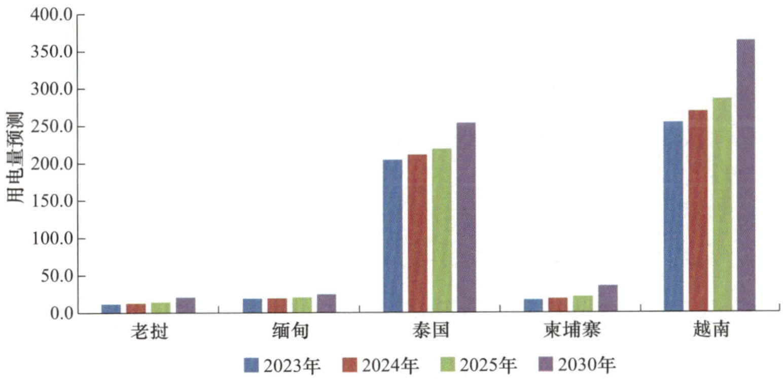

图 5-3 澜湄五国用电量预测（亿 kWh）

数据来源：根据各国电力公司预测整理

5.3.3 电力互联互通

东盟电网（ASEAN Power Grid，APG）是东南亚国家或地区联盟（ASEAN）为实现区域电力互联互通而提出的一项重要倡议。为了推动这一计划的实施，东盟成立了东盟电力网咨询委员会（APGCC），该委员会成立于 2007 年，旨在加强和促进成员国在电力互联和贸易方面的合作，最终实现东盟电网的目标。目前，东盟电网的进展情况主要体现在逐步实现双边互联和次区域互联上。例如，老挝、泰国、马来西亚和新加坡四国已经启动了电力一体化项目

（LTMS-PIP），这是东盟电网建设的重要一步。

2023 年 12 月 19 日，东盟正式启动了东盟电网发展计划（APG-AP），朝着更加可持续和互联互通的能源未来迈出了重要一步。该倡议由东盟能源中心（ACE）牵头，与东南亚能源转型伙伴关系（ETP-UNOPS）和东南亚清洁、负担得起和安全的能源（CASE）合作，以支持东盟电网的加速发展并落实东盟能源中心（ACE）发布的《东盟互联互通总体规划研究》（ASEAN Interconnection Masterplan Study，AIMS）所提出的区域互联互通的规划目标。

澜湄五国中老挝、缅甸随着新能源开发潜力的释放，有条件增加电力出口，越南、柬埔寨以及泰国随着电力需求的增加，电力进口需求将进一步增长，推动区域互联互通需求的增加。同时由于中国与老挝、缅甸、越南均接壤，且用电规模和调节性电源资源较多，与澜湄五国有较强的电力互济需求。根据 ADB 发布的《区域电力总体规划：协调大湄公河次区域（GMS）电力系统以促进区域电力贸易》以及 AIMS 规划，在现有规划场景下，到 2040 年，澜湄五国之间将新增互联互通输送容量 764 万 kW，如考虑其他潜在的互联互通需求，至 2040 年澜湄五国之间可能新增互联互通输送容量近 1000 万 kW。其中老挝与越南之间新增输送容量占比最高，同时老挝与其他各国之间均将新增互联互通建设。澜湄国家间新增互联互通输送容量见表 5-1。

表 5-1　　澜湄国家间新增互联互通输送容量（万 kW）

	2040 年基于规划的场景	2040 年东盟互联互通总体规划方案
老挝—泰国	131	131
老挝—越南	500	500
老挝—缅甸	30	30
老挝—柬埔寨	30	57.9
缅甸—泰国	30	11.04
泰国—柬埔寨	23	137
越南—柬埔寨	20	131.2
总计	764	998.14

数据来源：东盟能源中心。

同时中国积极推动与澜湄五国的互联互通，其中，500kV 中老联网是贯彻落实《中老命运共同体行动计划（2024—2028 年）》的重要战略项目。项目将新建云南版纳至老挝那磨 1 回 500kV 交流线路实现中老同步联网，国内段长约 148km，老挝段长约 35.5km，工程总投资近 10 亿元人民币。